생각이
크는
인문학

헌법과 인권

생각이 크는 인문학_헌법과 인권

지은이 김은식
그린이 이진아

1판 1쇄 발행 2016년 11월 16일
1판 13쇄 발행 2024년 2월 5일

펴낸이 김영곤
키즈사업본부장 김수경
에듀2팀 김은영 고은영 박시은
아동마케팅영업본부장 변유경
아동마케팅1팀 김영남 정성은 손용우 최윤아 송혜수
아동마케팅2팀 황혜선 이해림 이규림 이주은
아동영업팀 강경남 오은희 김규희 양슬기
e-커머스팀 장철용 전연우 황성진
디자인팀 이찬형

펴낸곳 (주)북이십일 을파소
출판등록 2000년 5월 6일 제406-2003-061호
주소 (우 10881) 경기도 파주시 회동길 201(문발동)
연락처 031-955-2100(대표) 031-955-2177(팩스)
홈페이지 www.book21.com

ISBN 978-89-509-6764-2 43300

KC
• 제조자명 : (주)북이십일
• 주소 및 전화번호 : 경기도 파주시 회동길 201(문발동) / 031-955-2100
• 제조연월 : 2024.02.
• 제조국명 : 대한민국
• 사용연령 : 8세 이상 어린이 제품

생각이 크는 인문학

13 헌법과 인권

글 김은식
그림 이진아

을파소

목 차

3장

헌법의 역할은 무엇일까요?

헌법, 인권을 지키는 법

수백 년 전, 조선시대를 배경으로 하는 영화나 드라마를 보다 보면, '저 시대에 태어나서 사는 것도 재밌었겠다'는 생각이 들기도 할 거예요. 그런 사극들을 보면, 주인공들은 대개 조용한 방 안에서 책을 읽고 글을 쓰거나, 혹은 수를 놓으면서 시간을 보내지요. 그러다가 문득 '여봐라, 밖에 아무도 없느냐' 하고 소리치면 금세 누군가 밖에서 '예' 하고 답을 해요. 하인, 혹은 몸종이라고도 부르는 노비들이지요. 누군가에게 편지를 전하거나, 물건을 사오거나 하는 귀찮은 일은 그 노비에게 시키면 돼요. 마당을 쓸거나 장작을

패거나 불을 지피고, 혹은 밥을 짓고 물을 긷고 빨래를 하는 등의 힘든 일도 모두 노비들의 몫이지요.

그러니까 드라마 속의 주인공들은 책을 읽거나 수를 놓기만 하면 되는 거예요. 물론 어른들은 거문고를 뜯고 춤을 추는 기생들의 공연을 구경하면서 술을 마셔도 되지요. 먼 길을 가야 하는 일이 생겨도 노비들이 메는 가마 위에 가만히 앉아 있기만 하면 되니까 피곤할 일도 없어요. 다만 휴대전화나 컴퓨터, 인터넷, TV 같은 것이 없어서 좀 심심하긴 하겠지만요. 그래도 어떤 점에서는 옛날에 살았던 사람들이 더 좋았을 것 같다는 생각도 들지 않나요?

양반으로 태어날 수 있다는 보장이 있다면, 조선시대에 태어나는 것도 괜찮을 거예요. 하지만 자신이 어떤 신분으로 태어나게 될지 알 수 없다면 대부분의 사람들은 오늘날 대한민국에 태어나는 것을 선택하겠지요. 조선시대에 태어난다면 양반이 될 수도 있겠지만 노비가 될 수도 있으니까요. 더구나 조선 초기에 양반은 열 명 중 한 명도 되지 않았던 반면에 노비는 열 명 중 대여섯 명이나 될 만큼 많았어요. 조선 초기에 태어났다면 노비가 될 확률이 양반이 될 확률보다 무려 대여섯 배나 높았다는 얘기지요.

영화나 드라마에 나오는 주인공처럼 가만히 앉아서 '여봐라' 하고 소리만 지르면 되는 것이 아니라, 주인을 위해 농사도 짓고, 장작도 패고, 물도 긷고, 가마도 메고, 때로는 매를 맞거나 팔려 다니기도 하는 신세가 될 가능성이 훨씬 높았다는 말이에요. 게다가 천한 신분은 아무리 노력해도 벗어날 수가 없었고, 대대로 자손들에게 물려 줘야 했지요. 정말 끔찍한 일이지요?

사람은 누구나 특별한 대우를 받기 원해요. 힘든 일은 남에게 시키고, 귀한 대접을 받으며 왕자나 공주처럼 사는 것을 싫어할 사람은 아무도 없어요. 하지만 누군가 특권을 누리려면 반대로 누군가는 고생하고 천대받아야 해요. 천민이 없이는 귀족이 있을 수 없고, 신하가 없이 왕이 있을 수가 없어요.

옛날에는 타고난 운명에 따라 누군가는 왕족이 되고 누군가는 귀족이 됐어요. 그리고 또 누군가는 평민이나 천민이 돼야 했지요. 하지만 오랜 세월동안 많은 사람들이 줄기차게 저항하고 싸워 온 결과 이제는 대부분의 나라에서 신분의 구별이 사라지게 됐어요.

아주 운이 좋으면 특권을 얻을 수도 있지만 대부분의 사람들이 특권층들을 위해 사는 사회보다 누구도 특권이 없지만 천대도 받지 않는 세상이 더 좋다고 생각하는 사람들이 많아졌기 때문이에요.

오늘날 대부분의 나라에서는, 누구도 다른 사람보다 더 귀하거나 천하게 대우받지 않아요.

물론 부유한 부모를 만나서 더 많은 것을 누리며 사는 사람들도 있어요. 하지만 그렇다고 해서 그런 사람들이 죄를 지어도 된다거나, 다른 사람들에게 강제로 일을 시키거나 함부로 대해도 되는 건 아니에요. 그래서 사람들은 최소한 법 앞에서만큼은 평등하다고 하지요. 모든 구성원들이 공평하게 대접받고 함께 사회의 주인으로 인정받는 것을 민주주의라 부르고요.

오늘날 우리가 누리고 사는 민주주의란, '내가 함부로 대우받고 싶지 않으면 남도 함부로 대해서는 안 된다'는 사실을 많은 사람들이 깨닫고 동의했기 때문에 이루어진 것이에요.

민주주의 사회에서는 시민들이 절대로 서로 침해할 수 없는 권리들이 있어요. 민주주의 사회의 기본이 되는 권리라는 의미에서 '기본권'이라고도 부르고, 인간이라면 누구나 가진 것이라는 의미에서 '인권'이라고도 부르는 것이지요. 누가 선물로 주거나, 노력을 해서 얻는 것이 아니라 인간으로 태어나는 순간 '하늘이 내려 준' 권리라는 뜻으로 '천부인권'이라고 하기도 해요.

여러분도 누구나 이 권리를 가지고 있어요. 잘났건 못났건, 착하건 못됐건, 똑똑하건 아니건, 혹은 돈이 많건 적건 아무 상관없이 단지 인간으로 태어났다는 이유만으로도 누구도 빼앗을 수 없는 권리를 가지고 있어요. 어떤 것이 있을까요?

누구도 여러분의 생명을 빼앗을 수는 없어요. 여러분의 몸을 다치게 하거나 위협할 수도 없고, 여러분이 가진 것을 빼앗을 수도 없어요. 또 여러분의 명예나 자존심이나 행복에 상처를 낼 수 있는 말을 하거나 소문을 낼 수도 없어요.

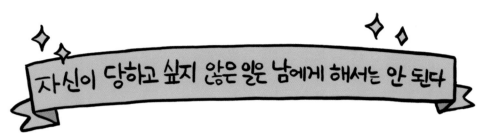

그리고 여러분이 원하지 않는데 사진을 찍거나 그것을 인터넷에 올려서 함부로 퍼뜨려서도 안 돼요. 또 여러분이 생각하거나 말하거나 표현하는 것을 막아서도 안 되지요. 만약에 누군가 그런 여러분의 인권을 무시하고 침해한다면 경찰이나 변호사의 도움을 받아 처벌하고 배상을 받아낼 수도 있어요.

그럼 이렇게 모든 사람은 인권을 가지고 있고, 그것을 보호받아야 한다는 생각은 왜 하게 된 걸까요? 그 이유는 사람들이 오랜 세월 동안 뜻과 힘을 모아서 민주주의를 이뤄낸 이유와도 다르지 않아요. 누구나 권리를 보호받으려면 다른 모든 사람의 권리 또한 보호해 줘야만 한다는 것을 알게 됐기 때문이지요. 함께 어울려 살아가는 사회에서 반드시 서로 지켜 줘야만 하고, 충분히 지켜 줄 수 있는 범위를 알아내고 정하게 된 것이지요.

자신이 당하고 싶지 않은 일은 남에게도 해서는 안 된다.

생각해 보면 너무 당연한 말이지요? 동서양의 대표적인 철학자인 공자와 칸트도 이와 비슷한 이야기를 한 적이 있어요. 나라와 시대를 막론하고 많은 사람들이 당연하다고 생각하는 것이라는 이야기지요.

사람들마다 생각은 다 달라요. 무엇이 선이고 무엇이 악인지, 혹은 어떤 일은 해도 되고 어떤 일은 해서는 안 되는지에 대해서도 사람들마다 조금씩 생각이 다를 수 있어요. 하지만 '남이 나에게 해서는 안 된다고 생각하는 일을 나도 남에게 하지 말자'는 생각으로 행동한다면 아마도 대부분의 범죄나 갈등은 일어나지 않을 거예요.

인권이란, 모든 사람들이 '절대 빼앗기고 싶지 않기 때문에 남들에게도 빼앗지 않기로 한' 것들이라고 말할 수 있어요.

헌법은 바로 그 인권을 지키는 가장 강력하고 중요한 도구예요. 가끔은 어떤 권력자의 욕심이나 세상 사람들의 잘못된 생각 때문에 잘못된 법이 만들어져서 오히려 인권을 위협하는 일이 벌어지기도 해요. 하지만 그런 경우에도 헌법의 이름으로 그 법을 다시 고치고 그 법 때문에 피해 입은 사람들을 구제할 수 있어요.

그래서 인권과 헌법은 어려운 것도 아니고, 우리와 상관없이 골치 아픈 것도 아니에요. 생각해 보면 너무나 당연하고 꼭 필요한 이야기들을 모아놓은 것이기도 하고, 우리 모두 꼭 알아야만 하는 것이기도 해요. 이 책을 통해 여러분

이 자신의 인권과 타인의 인권, 그리고 그것을 지키는 헌법
에 대해 관심과 흥미를 가질 수 있었으면 좋겠어요.

2016년

김은식

1장

사람대접 받을 자격이 따로 있나요?

장애가 있으면 아이 낳을 자격이 없을까?

지금으로부터 90여 년 전인 1927년 미국 연방대법원은 이런 판결을 내린 적이 있어요.

"3대가 저능으로 판명되었다면 출산을 금지할 이유는 충분하다."

그 판결은 케리 벅이라는 여성에게 내려진 것이었어요. 케리 벅은 약간의 지적 장애가 있었는데, 그녀의 외할머니와 엄마에게도 비슷한 지적 장애가 있었다고 해요. 당시 미국 연방대법원은 어떤 장애가 3대째 되풀이됐다면 그것은 유전된 것이라고 판단했어요. 따라서 케리 벅이 자녀를 낳게 된다면, 그 자녀 역시 지적 장애를 가질 것이 분명하다고 생각한 것이지요. 그래서 지적 장애를 가진 아이가 태어나는 것을 막기 위해 케리 벅에게 국가가 강제로 불임수술을 하라는 결정을 내린 것이지요. 이런 결정에 대해, 여러분은 어떻게 생각하나요?

이 판결이 내려진 뒤 미국 정부는 '장애가 있는 자녀를 낳을 것이 분명한' 사람들 6만여 명을 찾아내서 임신을 할 수 없도록 하는 수술을 시켰어요.

몇 년 뒤인 1935년에는 미국의 오클라호마 주에서 '세 번 이상 범죄를 저지른 사람은 아기를 가질 수 없도록 수술을 시키는' 법이 만들어지기도 했어요. 범죄를 저지르는 성향도 장애처럼 유전될 수 있어 범죄자가 아이를 낳으면 또 다른 범죄자가 생겨날 수 있다고 생각했기 때문이에요. 그래서 범죄자들도 애초에 아이를 낳지 못하게 해야 한다고 결정한 것이죠.

꽤 오래 전에 벌어진 일들이긴 해요. 하지만 지금도 그 시대 판사들과 비슷한 생각을 가진 사람들은 많이 있어요. 장애인이나 범죄자들은 '사람대접을 받을 가치가 없는 사람'이라거나, 다른 사람들보다 '가치가 낮은 사람'으로 생각하는 이들이지요.

이렇게 생각하는 경우도 있을 거예요. 장애처럼 태어날 때부터 어쩔 수 없는 사람을 차별해서는 안 되지만, 모든 조건이 갖춰져 있는데 스스로 노력을 하지 않는 사람들은 좀 차별을 받아도 된다고 생각하는 경우 말이에요. 그렇다면 이번에는 아주아주 게으른 사람의 경우를 생각해 볼까요?

타고난 몸이나 머리는 부족하지 않은데 늘 먹고 자고 놀고 쉬고, 공부나 일은 하려고 하지 않아요. 항상 컴퓨터 게임을 하느라 밤을 새고, 낮에는 낮잠을 자면서 빈둥거려요. 보다 못한 부모님이 훈계를 하려고 하면 도끼눈을 뜨고 소리를 지르며 반항까지 하는 못된 사람이에요. 다른 사람들에게 좋은 일은 한 번도 해 본 적이 없고, 늘 부모님과 가족들에게 폐를 끼칠 뿐인 그런 한심한 사람이 있다고 한 번 생각해 보세요. 그런 사람은 과연 사람대접 받을 가치가 있는 걸까요? 그런 사람에게도 교육을 하고, 복지 혜택도 똑같이 주고, 투표권도 줘야만 할까요?

사실 선천적인 이유에서건 후천적인 이유에서건, 그만한 능력을 가지지 못한 사람에게는 충분한 기회가 주어지지 않아요. 성적이 좋지 않은 학생에게는 좋은 학교에 입학할 기회가 주어지지 않고, 실력이 없는 일꾼에게는 좋은 직장에서 일할 기회가 주어지지 않지요. 그리고 열심히 일하지 않고, 다른 사람들에게 도움을 주지 못하는 사람은 돈을 벌 수도 없고, 사회적으로 인정받거나 존경받을 수도 없어요.

하지만 그렇다고 해서 그런 사람들을 마음대로 때리거나 욕해도 되는 건 아니에요. 그런 사람들이라 해도 그들이 포함되는 중요한 결정을 할 때 따돌려서도 안 돼요.

사람들과 사회를 위해 더 가치 있는 일을 하는 사람들만큼의 보상과 존경을 받을 수는 없지만, 그들에게도 무슨 일이 있어도 빼앗을 수 없는 권리가 있어요. 잘났건 못났건, 잘했건 못했건 아무 상관없이 단지 사람이라는 이유만으로 보장받는 것이 바로 '인권'이기 때문이지요.

다시 처음으로 돌아가 볼까요? 지적 장애를 가진 사람과 범죄자에게 불임수술을 결정한 미국 법원의 판결을 가장 마음에 들어 했던 사람이 바로 독일의 독재자 히틀러였어요. 히틀러는 미국 법원의 판결을 참고해서 무려 200만 명의 장애인과 범죄자들에게 불임수술을 했어요.

그 후에도 무려 600만 명이나 되는 사람들을 골라내서 죽여 버렸어요. 신체적인 장애를 가지고 태어난 이들, 공산주의*라는 사상을 가진 사람들, 그리고 집시와 유대인들이었어요. 이들의 목숨을 빼앗은 이유는 순수한 독일인들의 혈통을 오염시킬 우려가 있다고

> **✱공산주의** 사유 재산 제도를 없애고 사회의 모든 구성원이 재산을 공동 소유해서 빈부의 차이를 없애려는 사회 제도이다.

생각해서였지요. 마치 순종 진돗개의 혈통을 지키기 위해 진도에 다른 종류의 개들을 남기지 않듯이, 자신들 기준에서 가치가 없다고 생각하는 사람들을 계획적으로 없애 버린 거예요. 어떤 잘못도 하지 않았고, 누구에게 피해를 주지도 않았는데도 말이지요.

함부로 가치 있는 사람과 없는 사람을 나누고, 함부로 존중해야 할 사람과 아닌 사람을 나누는 일이 결국에는 얼마나 잔인하고 끔찍한 결과를 낳는지를 잘 보여 주는 예지요.

범죄자의 인권도 지켜 줘야 할까?

TV에서 어린이 유괴나 아동학대, 연쇄살인 같은 끔찍한 범죄를 저지른 사람들에 관한 뉴스를 듣게 될 때가 있어요. 그때 여러분은 어떤 생각이 들던가요? 그런 사람들의 이름과 얼굴을 온 세상에 알리고, 자신들의 범죄에 희생당한 사람과 똑같은 방식으로 고통을 주면 좋겠다는 생각이 들지는 않나요? 아니면 수갑을 찬 채 경찰서로 끌려가는 날, 직접 가서 뒤통수를 한 대 때려 주고 싶지는 않나요?

하지만 그럴 수는 없어요. 경찰이 그러지 못하게 막기도 하고, 또 마스크를 씌우거나 TV 화면에 모자이크 처리를 해서 아무도 알아볼 수 없게 하기도 하거든요. 심지어는 정확한 이름도 알려주지 않아서 '김 모 씨'라거나 '이 모 군'이라는 식으로만 알려지기도 해요.

누군가 인터넷에서 그 범죄자의 '신상털이'를 해서 세상에 알리면 오히려 그걸 알린 사람이 처벌을 받기도 하지요. 그뿐만이 아니에요. 그 범죄자가 사형 선고를 받고도 수십 년 동안 교도소 안에서 따뜻한 밥을 먹으며 살고 있다는 소식을 들으면 정말 분노가 치밀어요. 특히 유럽의 어떤 나라의 교도소는 어지간한 아파트보다도 훨씬 잘 꾸며져 있어서, 범죄자들이 편하게 먹고 자고 가족들까지 데려다가 함께 시간을 보낼 수도 있다고 하잖아요. 마음대로 밖을 돌아다닐 수 없다는 점만 빼면, 보통 사람들과 다를 것이 전혀 없는 생활을 하고 있는 것 같아요.

그래서 어떤 사람들은 '범죄자에게만 인권이 있고, 피해자는 인권이 없나?'라고 따지기도 하지요. 또 어떤 사람들은 '피해자들에게 엄청난 고통을 준 가해자들이 교도소 안에서 국민의 세금으로 잘 먹고 잘 산다는 게 말이 되는가?'라며 분통을 터뜨리기도 하고요. 그런 범죄자들의 인권까지 지켜 줘야 할 필요가 있는 걸까요?

범죄자는 다른 사람들의 인권을 침범하고 망가뜨린 사람들이에요. 그래서 그에 대한 처벌을 받게 되면 어쩔 수 없이 인권도 어느 정도는 제한될 수밖에 없어요. 감옥에 가두거나 벌금을 물리면 신체의 자유나 재산을 빼앗기는 셈이고, 사형에 처해진다면 생명을 빼앗기는 것이 될 테니까요.

하지만 그런 범죄자라고 해도 지켜 줘야 하는 인권이 있어요. 예를 들면 고문을 하거나 함부로 모욕을 줘서는 안 돼요. 그리고 아직 많은 논쟁이 있긴 하지만, 사형이라는 형벌로 생명을 빼앗는 것에 대해서도 반대하는 사람들이 많이 있어요.

그런데 왜 범죄자의 인권을 지켜야 할까요?

우선, 가족이나 주변 사람들의 인권을 지키기 위해서예요. 그 범인이 누구인지 널리 알려지면 그 사람의 가족이나 이웃, 친구 같은 주변 사람들에 대해서도 같이 알려지게 돼요. 그러면 그 범죄와는 아무런 관련도 없는 가족과 주변 사람들까지 욕을 먹고 손가락질을 당하게 되지요. 범죄자와 가까운 사람이라는 이유만으로 이런 고통을 받는 것은 옳지 않아요.

또 다른 이유는, 그 사람이 정말 그 죄를 지은 것인지 확신할 수 있는 사람은 아무도 없기 때문이에요. 아무리 증거가 충분하고 아무리 증인이 많아도 100% 확실한 건 없어요. 그 사람과 평소에 사이가 좋지 않았던 사람들이 거짓으로 증언을 할 수도 있고, 증거 역시 조작된 것일 수도 있으니까요. 심지어는 가족이나 친구를 숨겨 주기 위해 자신이 짓지도 않은 죄를 지었다고 거짓 자백을 하는 사람도 있어요. 실제로 법원에서 유죄 판결을 받고 감옥에 갇힌 지 수십 년이 지나서 무죄가 밝혀지거나, 이미 사형이 집행된 뒤에 진짜 범인이 잡혀서 억울한 누명이 벗겨지는 일이 일어난 적도 있거든요. 모든 증거와 증언과 논리를 동원해서 범죄를 밝히고 처벌을 하긴 해야겠지만, 만에 하나라도 그 판단이 잘못된 것일 수도 있다는 점은 인정해야 하지요.

하지만 그보다도 범죄자들의 인권을 지켜 줘야만 하는 더 중요한 이유가 있어요. 범죄자조차 최소한의 인권을 보호해 주는 것이 모든 사람들의 인권을 안전하게 지킬 수 있는 가장 좋은 방법이기 때문이에요.

경찰이나 검사, 판사는 늘 '열 명의 범인을 놓치는 한이 있더라도 한 명의 억울한 피해자를 만들지 말아야 한다'는 다짐을 하며 일하고 있어요. 혹시 백 명 중 한 명, 천 명 중 한 명이라도 무고한 시민이 범죄자로 오해받았을 수 있다는 생각으로 법을 집행을 해야 한다는 것이죠. 게다가 가장 지켜 줄 가치가 없어 보이는 범죄자의 인권도 지켜 주는 사회라면, 모든 사람의 인권이 잘 지켜지는 사회라고도 할 수 있을 테니까요.

어떤 이의 인권은 지켜 줘야 하고, 어떤 이의 인권은 지켜 주지 않아도 된다고 생각하는 사회에서는 분명히 억울하게 인권을 보장받지 못하는 사람들이 생길 거예요. 하지만 무조건, 모든 인간의 인권을 지켜야 한다고 생각하는 사회에서는 다르겠지요. 모든 사람들이 최소한의 인권은 보장받을 수 있을 테니까요.

인권이 없는 사람도 있을까?

백 년쯤 전, 우리는 나라를 잃었어요. 땅도 그대로고 사람도 그대로였지만 주권을 이웃나라 일본에게 빼앗기고 일본의 식민지로 전락한 것이지요. 그때는 해외에서 우리를 대표하는 것도, 우리에 관한 일을 결정하는 것도, 우리 자신이 아닌 일본이었어요. 부끄럽고도 화가 나는 일이었지요.

그 시절 우리 조상들 중 많은 분들은 빼앗긴 나라를 되찾겠다며 목숨을 걸고 싸웠어요. 하지만 또 다른 어떤 이들은 출세하고 돈을 벌기 위해 일본인들에게 아부하고 독립운동가를 일본 경찰에 밀고하거나 앞장서서 괴롭히기도 했어요. 자신의 안락을 위해 같은 민족을 배신한 것이지요.

가진 것을 모두 잃고, 또 모진 고문을 받거나 목숨을 잃으면서도 나라와 민족을 위해 몸을 던진 독립운동가들의 이야기를 읽을 때면 숙연한 마음이 들어요. 유관순이나 안중근, 윤봉길 같은 분들이 그런 분들이지요. 그렇게 정의를 위해서 기꺼이 희생하는 모습을 보면, 사람이란 참 강하고 대단하다는 생각이 들기도 해요.

하지만 돈과 권력을 얻기 위해 온갖 못된 짓을 하고, 심지어 일본인보다도 더 잔인하고 못되게 독립운동가를 괴롭혔던 사람들 이야기를 읽을 때는 화가 나지요. 사람이란 얼마나 간사하고 약한가 하는 생각도 들어요.

그렇게 서로 다른 방식으로 살았던 분들에 대해 읽고 배우면서, 우리 자신은 앞으로 어떻게 살아야 할까 생각해 볼 기회를 얻게 돼요. 강하고 훌륭한 사람이 될 것인가, 간사하고 약한 사람이 될 것인가, 각자 잘 생각해 봐야 해요. 당장의 안락함만을 좇아서 살 것인가, 아니면 스스로와 먼 후손들 앞에 당당하고 떳떳하게 살 것인가 깊이 고민해 볼 필요가 있지요.

하지만 인권이라는 건, 귀하고 훌륭한 사람뿐만이 아니라 간사하고 나쁜 사람도 가지고 있는 것이라는 점을 잊어서는 안 돼요.

지금으로부터 300년쯤 전 프랑스에는 볼테르*라는 철학자가 살고 있었어요. '신분의 구별 없이, 모든 사람이 주인이 되어 스스로를 다스리는 나라'에 관해 많은 연구를 했던 사람이지요. 볼테르의 연구와 생각은 프랑스의 후손들이 시민혁명을 일으키고 민주주의 사회를 만드는 데도 중요한 영향을 미쳤지요. 그 볼테르의 일생을 소개하는 전기에는 이런 말이 나와요.

★ 볼테르(Voltaire, 1694 ~1778) 프랑스의 대표적인 작가이자 사상가이다. 작품으로는 「자디그」 「캉디드」 『철학 사전』등이 있다.

"나는 당신의 의견에 반대한다. 하지만 당신이 그 의견을 주장할 권리를 지키기 위해 나는 목숨을 걸 것이다."

볼테르는 자신과 생각이 다르고, 그래서 사이가 좋지 않았던 어떤 사람들에 대해서도 저런 생각을 했다고 해요. 볼테르가 직접 저런 말을 하지는 않았어요. 하지만 전기를 쓴 작가가 만들어 낸 저 말이 실제 볼테르의 생각을 가장 잘

너는 싫어!
네가 하는 말도
열 받지만
인권은 평등한거니까
너의 인권을 위해
난 목숨을 바칠 수 있어!
그… 그래?
그거 참 고맙군.
근데 나는 싫은 거지?
사람
헷갈리게
하네…

표현한 것으로 유명해요.

그리고 이것은 볼테르의 생각을 이어받아서 만든 민주주의의 의미를 잘 표현한 말이기도 해요. 누구나 마음에 드는 생각과 그렇지 않은 생각이 있겠지만, 그 모든 생각이 자유롭게 표현될 수 있어야 한다고 생각하는 것이 민주주의라는 얘기지요.

저 이야기를 조금 바꾸면 인권의 의미도 잘 설명할 수 있어요.

"나는 당신이 한심하고 싫다. 하지만 그런 당신도 인권을 지키고 누릴 수 있도록 하기 위해 나는 목숨을 걸 것이다."

인권은 훌륭하고 존경스럽고 선량한 사람들에게만 있는 것이 아니에요. 한심하고 못된 사람들에게도 똑같이 있는 것이지요. 독립운동을 하신 분들에게만 있는 것이 아니라 친일파 매국노도 마찬가지로 가지고 있는 것이 인권이라는 말이지요.

열심히 독립운동을 해서 나라를 되찾아 주신 분들에게는 존경과 감사의 마음을 가져야 해요. 반대로 나라를 팔아먹고 동족들을 배신한 친일파 매국노들에 대해서는 비판하고 분노하는 마음을 가지는 게 당연해요. 하지만 그런 것들과는 아무 상관없이 모두 사람이고 따라서 사람으로서 누려야 할 기본적인 존엄성과 권리들을 인정받아야 한다는 건 다르지 않아요. 인권이란 바로 그런 거예요.

존경하는 사람, 좋아하는 사람, 힘 있는 사람의 권리를 지켜 주는 것은 사실 어려울 것이 하나도 없어요. 굳이 누가 지켜 주려 하지 않아도 그런 사람들의 권리가 상처 입는 일은 드물어요. 하지만 무시당하고 미움받는 사람들의 권리는 늘 위협받을 뿐만 아니라, 지켜 주고 싶은 생각도 들지 않을 때가 많아요.

그래서 '인권'이라는 말을 생각할 때는 자신이 아는 가장 못되고 약하고 싫고 한심한 사람의 얼굴을 떠올려 보세요. 그런 사람들의 안전까지 존중하고 지켜 주는 것이야말로 민주주의 사회의 시민이 갖춰야 할 소양이랍니다.

직업은 아니지만 짬짬이 시간을 내서 일을 하고 돈을 버는 것을 흔히 '알바'라고 하지요? '아르바이트'라는 단어의 줄임말이에요. 학생이나 청소년들도 공부 때문에 바쁘긴 하지만 방학이나 학교에 가지 않는 시간을 이용해서 알바를 하는 친구들이 많아요. 그런데 나이가 어리고 어른들보다 많이 알지 못한다는 이유로 일은 많이 시키고 돈을 주지 않거나, 너무 적게 주는 못된 사람들이 있어요. 부모님 몰래 알바를 하는 친구들도 있기 때문에, 그걸 약점 삼아서 제대로 돈을 주지 않는 경우도 있고요.

여러분이 혹시 일을 하고도 돈을 받지 못했거나 최저임금(2016년 기준으로 1시간당 6,030원)보다 적은 돈을 받았다면 어떻게 해야 할까요? 고용노동부에 신고하면 받아야 할 돈을 모두 돌려받을 수가 있어요. 그럼 신고는 어떻게 하면 되는지 알아볼까요?

우선 고용노동부의 인터넷 홈페이지에서 온라인으로 신고하는 방법이 있어요. 고용노동부 홈페이지(www.moel.go.kr)에 접속해서 민원마당(신고센터)을 찾아 들어가면 여러 가지 종류의 신고 메뉴들이 나와요. 그중에 '최저임금위반사례신고'를 누르고 자신이 겪은 일을 차근차근 적으면 돼요. 신고할 때도 '권리구제를 희망하는 경우'와 '권리구제 없이 향후 개선

만 원하는 경우'를 선택할 수 있는데, 실제로 돈을 돌려받기 원하는 경우
에는 '권리구제를 희망하는 경우'를 선택해야 해요. '향후 개선만 원하는
경우'는, 본인은 돈을 돌려받지 못해도 좋지만 그런 나쁜 일이 계속되지

않길 원한다는 뜻이니까요.

　같은 신고메뉴 중에 '직업훈련피해신고'라는 것도 있어요. 가끔 미용이나 간호, 정보처리 같은 기술들을 무료로 가르쳐 주고 100% 취업할 수 있게 해 준다는 광고를 보게 될 때가 있지요? 대학을 목표로 하기보다는 일찍부터 기술을 익혀 직업을 가지고 싶어서 그런 교육기관을 택하는 친구들도 많아요. 그런데 그중 간혹 광고와 달리 교육비를 요구한다거나, 취업을 시켜 주지 못하는 경우에는 '직업훈련피해신고' 란을 이용해서 신고하면 돼요.

　고용노동부와 한국공인노무사회가 함께 만든 '청소년근로권익센터' (www.youthlabor.co.kr) 홈페이지를 이용할 수도 있어요. 이곳에서는 최저임금문제 외에도 청소년들이 알바를 하면서 겪을 수 있는 다양한 상황에 대해 온라인 상담도 해 주고, 신고를 받아 처리해 주기도 해요.

　홈페이지를 아무리 들여다봐도 잘 모르겠다면, 전화를 걸어서 안내를 받고 질문을 해 보는 것도 좋은 방법이에요. 국번 없이 1350번을 누르면, 고용노동부 상담원이 문제를 해결할 방법을 자세히 알려줄 거예요.

　상담을 하고 신고를 하기 전에, 자신이 겪은 일과 원하는 바가 무엇인지 정확히 정리해서 적어두는 것이 좋아요. 언제부터 언제까지 일을 했고, 하루에 몇 시간 동안 어떤 일을 했는지. 그리고 얼마를 받았고, 어떻게 휴식을 했으며, 그 과정에서 어떤 점이 억울하다거나 잘못됐다고 생각하는지……. 꼼꼼히 적어두면 더 정확하고 빠르게 해결할 수 있을 거예요.

2장

인권은 언제부터
누리게 되었나요?

시민혁명은 왜 일어났을까?

앞서 조선시대에는 양반과 노비 같은 신분제도가 있었다는 얘기를 했었지요? 양반이었던 사람은 아주 적었고 그보다 훨씬 많은 사람들이 노비였다는 얘기도요. 그 시절에 양반들은 힘든 일은 하지 않고 편안하게 온갖 사치를 누리고 살았지만 노비들은 궂은일을 도맡아 하면서도 아무런 보상도 받지 못했고, 오히려 맞고 모욕당하고 팔려 다니며 살아야만 했어요.

오래전에는 거의 모든 나라에 이런 신분제도가 있었어요. 타고난 신분에 따라 힘 있는 소수의 사람들이 힘없는 다수의 사람들을 짓밟고 부려 먹으며 사는 게 당연한 일이었지요. 불과 몇 백 년 전까지만 해도 아주 적은 수의 사람들만이 인간적인 삶을 누렸고, 대부분의 사람들은 인간적이지 못한 삶을 견뎌 내야만 했어요. 하지만 그렇게 오랜 세월 '비인간적인 삶'을 살아온 사람들이 조금씩 깨어나고, 힘을 모아 세상은 바뀌게 됐어요.

2천 년쯤 전 로마제국에는 검투사라는 이름의 노예들이 있었어요. 이들은 노예들 중에서도 가장 끔찍한 운명에 처한 사람들이었지요. 검투사들은 수많은 사람들 앞에서 서로 싸우는 일을 하는 사람들이었어요. 요즘에도 권투나 격투기 선수들이 사람들 앞에서 대결을 펼치는 일을 하지요. 하지만 로마시대 검투사들은 진짜 칼과 창을 들고 목숨을 걸고 싸워야 했다는 점이 요즘과는 달랐어요. 시합에서 이긴 사람은 살아남지만 진 사람은 그 자리에서 죽을 수밖에 없던 대결을 펼친 거죠. 단지 귀족들의 즐거움을 위해서요.

그런데 그 검투사 노예들 수만 명이 반란을 일으켰어요. 자신들의 자유를 위해 반란을 일으킨 이들은 결국 당시 세계 최강 군대 로마군에 맞서다가 모두 죽거나 잡혀서 처형당했지만 세상을 깜짝 놀라게 했죠. 이 반란의 지도자 이름은 바로 '스파르타쿠스'예요. 어디선가 들어본 적이 있지요? 이 사건은 여러 차례 드라마나 영화로 만들어졌어요. 로마 귀족들의 즐거움을 위해 목숨을 내놓고 검투를 했던 검투사들이 본인들의 자유를 위해 목숨을 걸었다는 점이 오늘날을 살고 있는 우리들에게도 큰 울림으로 전해지기 때문이겠지요.

★ 만적(미상~1198) 최충헌의 노비로 고려 신종 때 난을 일으켰다. 신분 해방을 위해 일으킨 난은 결국 실패했지만 우리나라 역사상 최초의 신분 해방 운동이라는 데에 의미가 있다.

우리나라에서도 고려시대에 만적*이라는 사람을 중심으로 수백 명의 노비들이 모여서 '노비 없는 나라를 만들자'며 반란을 일으켰다 실패한 적이 있어요.

전 세계 거의 모든 나라에 신분제도가 있었던 것처럼, 거의 모든 나라에서 신분제도를 없애려는 저항도 일어났지요.

처음에는 노예나 노비로 태어난 사람들이 아무 의미 없이 죽기 싫어서, 또는 짐승 같은 취급을 받는 것에 대해 분노해서 저항이 시작됐어요. 하지만 나중에는 신분제도를 없애야 하는 이유와 없애는 방법에 대해 연구하는 사람도 생겨나게 됐어요. 그리고 그런 연구를 통해 신분제도를 없애고 모두가 평등하게 살아가는 방법들에 대해서도 많은 생각을 하게 됐지요. 바로 그런 생각들이 쌓이고 쌓여, 더 많은 사람들에게 알려진 끝에 발생한 사건이 바로 시민혁명이에요.

시민혁명은 지금으로부터 300여 년쯤 전, 유럽의 여러 나라에서 동시다발적으로 시작됐어요.

프랑스와 러시아에서는 왕과 귀족들에 분노한 시민과 농

민들이 궁전으로 쳐들어가서 왕과 귀족들을 처형하는 것으로 시민혁명이 시작됐어요. 큰 흉년이 들어 많은 사람들이 굶주리고 있는데도 왕과 귀족들은 많은 세금을 걷어 사치를 즐겼기 때문이지요.

영국에서는 폭군 제임스 2세를 외국으로 쫓아 버린 다음 새 왕에게 시민들의 권리와 자유를 보장하겠다는 약속을 받아냈지요.

영국의 식민지였던 미국은 독립전쟁에서 승리한 뒤 더이상 영국 왕의 지배를 받지 않는, 미국 시민들의 나라를 만들었어요.

나라마다 사정이 다르고 방식도 달랐지만, 특권을 누리던 왕과 귀족을 쫓아내거나 그들의 특권을 빼앗았다는 점에서는 같았어요.

그리고 그렇게 시민혁명을 성공시킨 나라들은 모든 인간이 똑같이 귀하고, 누구도 함부로 대해서는 안 된다는 선언을 했어요. 이때부터 '인권'이 인정되고 지켜지기 시작한 것이지요.

프랑스혁명 때 만들어진 인권선언문과 미국 독립혁명 때 만들어진 독립선언문은 그런 시민혁명의 의미를 잘 표현하고 있어요.

제1조. 인간은 권리에 있어서 자유롭고 평등하게 태어나 생존한다. 사회적 차별은 공동 이익을 근거로 해서만 있을 수 있다.

제2조. 모든 정치적 결사의 목적은 인간의 자연적이고 소멸될 수 없는 권리를 보전함에 있다. 그 권리란 자유, 재산, 안전, 그리고 압제에 대한 저항 등이다.

〈프랑스 인권선언문〉

프랑스의 인권선언문이 발표된 것은 1789년 8월 26일이에요. 그 선언문의 제1조에는 모든 인간이 자유롭고 평등하게 살아갈 권리를 가진다고 적혀 있어요. 또 2조에는 자유, 재산, 안전, 압제에 대한 저항이 모든 인간이 가진 자연적이고 소멸될 수 없는 권리라고 하면서, 그런 권리를 지키기 위해 정치적 결사를 만들 수 있다고 선언했지요. 이 선언문은 모두 열일곱 개의 항목으로 이루어져 있는데, 모두 인권이란 무엇이고 어떻게 지켜야 하는지에 대해 설명하고 있어요. 이 선언문은 그 뒤로 수많은 민주주의 나라의 기틀이 되어 왔지요.

미국의 독립선언문 역시 프랑스 인권선언문 못지않게 중

지금 우리가
당연하게 생각하는
인권을 갖기까지는
많은 시간이
걸렸습니다.

요한 문서예요. 미국의 독립선언문은 프랑스의 인권선언문 보다도 13년 빠른 1776년 7월 4일에 발표되었어요. 그 선언 문의 2장에는 이런 설명이 있어요.

다음과 같은 사실을 자명한 진리로 받아들인다. 즉 모든 사람은 평등하게 태어났고, 창조주는 몇 개의 양도할 수 없는 권리를 부여했으며, 그 권리 중에는 생명과 자유와 행복의 추구가 있다. 이 권리를 확보하기 위하여 인류는 정부를 조직했으며, 이 정부의 정당한 권력은 인민의 동의로부터 유래하고 있는 것이다. 또 어떤 형태의 정부이든 이러한 목적을 파괴할 때에는 언제든지 정부를 개혁하거나 폐지하여 인민의 안전과 행복을 가장 효과적으로 가져올 수 있는, 그러한 원칙에 기초를 두고 그러한 형태로 기구를 갖춘 새로운 정부를 조직하는 것은 인민의 권리인 것이다."

〈미국독립선언문〉 (제2장)

간단하게 설명하자면 모든 사람은 태어나면서부터 생명과 자유와 행복추구라는 아무도 빼앗을 수 없는 권리를 가지고 있다는 얘기예요.
그리고 정부는 그런 국민들의 권리를 지키기 위해 존재

하는 것이라는 내용도 담겨 있어요. 심지어 사람들의 권리를 침해하거나 지켜 주지 못하는 정부는 언제든지 개혁하거나 없애고 다른 것으로 바꿔야 한다고도 했어요. 말하자면 국가를 위해 국민이 봉사하고 희생해야 하는 것이 아니라, 국민을 위해 국가가 일해야 한다는 얘기였지요. 국가가 그 역할을 잘 하지 못하면 고치거나 바꿔도 된다는 것이고요.

이전까지는 왕과 귀족이 국가를 운영하는 규칙을 정했고, 국민들은 자신들의 목숨과 관련된 일에도 스스로 목소리를 낼 수 없었어요. 오히려 이런 점에 대해 불만을 드러내면 반역자가 되어 처벌받았지요. 하지만 시민혁명에 담긴 생각은 이와 전혀 반대되는 생각이었어요. 바로 그런 새로운 생각으로 만들어진 것이 인권이고, 또 민주주의예요.

우리나라는 일본의 지배에서 벗어나면서 미국을 비롯한 서양 나라에서 민주주의 제도를 배우고 받아들였어요. 민주주의 제도가 도입된 지는 꽤 오래되었지만 불과 얼마 전까지만 해도 나라를 위해 국민이 희생해야 한다고 생각하는 사람들이 많았죠. 국가에 맞서서 개인의 권리를 내세우는 사람에겐 이기주의자라며 손가락질을 하기도 했지요. 시민혁명을 이룬 나라에서 인권과 민주주의를 제도적으로 받아들이긴 했지만, 아직도 왕과 양반들에게 충성하던 예전의 습관을 버리지 못했던 것이지요.

프랑스나 미국처럼 시민들이 스스로의 권리를 찾기 위해 혁명이나 전쟁을 통해 인권과 민주주의를 얻은 경우가 아니라 우리나라처럼 인권과 민주주의를 제도로 먼저 받아들인 경우에는, 낡은 습관들을 버리려고 꾸준히 노력하는 것이 더 중요해요.

세금을 내야만 시민이라고?

사람들은 '모든 생명은 소중한 거야'라고 쉽게 말해요. 하지만 정말 사람들이 모든 생명을 소중하게 여기고 대하는 것은 아니에요. 대부분의 사람들은 아주 끔찍한 환경에서 사육되고 도살된 동물의 고기를 즐겨 먹으니까요. 우리가 고기 반찬으로 맛있게 먹는 돼지나 소, 닭, 혹은 생선들도 원래는 소중한 생명이었다는 생각을 하는 사람은 드물어요. 물론 고기를 먹지 않는 채식주의자라고 해서 다른 생명을 침범하지 않는 것은 아니에요. 식물도 생명을 가진 것은 마찬가지니까요.

그러니까 '모든 생명은 소중한 거야'라는 말을 할 때, 사람들은 각자 조금씩 다른 생각을 하는 거예요. 어떤 사람은 '생명'이라는 말을 사람의 것으로만 생각하지만 다른 어떤 사람은 동물까지 포함해서 생각하기도 하고, 또 다른 어떤 사람은 식물까지 포함해서 생각하기도 하지요. 심지어는 해와 달, 산과 강 같은 것까지도 생명을 가진 것으로 대하는 사람도 있지요.

'인간'이라는 말 역시 다르지 않아요. 지금은 대부분 '인간'이라고 하면 말 그대로 인간으로 태어난 모든 이들을 생각해요. 하지만 불과 몇 십 년 전까지만 해도 '백인이 아닌 인간은 인간이 아니다'라거나 '유대인이나 흑인은 인간이 아니다'라고 생각을 하는 사람들도 많았어요. 그래서 흑인들을 노예로 삼아서 마치 짐승처럼 마구 부려먹기도 하고, 또 유대인들을 수백만 명씩이나 한꺼번에 죽이기도 했었지요.

시민혁명에 성공한 미국과 프랑스의 지도자들은 인권선언과 독립선언을 통해 '모든 사람들은 자유롭고 평등하게 살아가며 각자의 행복을 추구할 권리를 가지고 있다'고 했어요. 하지만 시민혁명 이후에도 정말 그 나라 안의 모든 사람들이 자유와 평등과 행복을 누릴 수 있었던 것은 아니에요. 옛날 시민혁명을 이끈 프랑스나 미국 같은 나라의 지도자들은 '세금을 내는 사람'만을 인간이라고 생각하고 있

었기 때문이지요. 프랑스나 미국에서 시민혁명을 일으키는 데 앞장선 사람들은 세금을 내면서도 그 세금이 쓰이는 일에 대해서는 아무 결정권도 가질 수 없었던 사람들이었거든요. 그런 사람들을 프랑스 말로 '부르주아'라고 해요.

세금은 자기들이 내는데, 그 세금을 몽땅 가져다가 쓰는 것은 정작 세금도 내지 않는 왕과 귀족들이었으니 얼마나 화가 치밀었겠어요? 미국에서도 그런 부르주아들이 자신들에게는 아무런 의견도 묻지 않고 꼬박꼬박 세금만 걷어가는 영국의 왕과 귀족들을 향해 전쟁을 선포하면서 이런 구호를 내걸었어요. "대표 없는 곳에 세금 없다." 세금을 내서 나라를 먹여 살리는데도 아무런 권리를 보장받지 못하는 부르주아들이 참다 참다 못해 들고일어선 것이지요.

그런데 시민혁명이 일어난 뒤에도 곧바로 모든 사람이 똑같은 인간 대접을 받게 된 것은 아니었어요. 프랑스혁명 때 만들어진 헌법(1791년 헌법)에서는 시민을 두 가지로 나누었어요. 세금을 내는 사람들은 '능동시민' 그리고 세금을 내지 않는 시민은 '수동시민'이라고 분류한 것이지요. 그리고 그중에 능동시민들만 투표권을 가질 수 있었어요. 국가와 공동체를 위해 기여하는 사람들에게만 결정권이 주어져야 한다고 생각한 거예요.

세금의 종류는 여러 가지가 있지만, 그중에서 가장 중요한 것은 재산세와 소득세라고 할 수 있어요. 가진 만큼, 그리고 버는 만큼 내는 세금이지요. 그런데 지금도 재산세와 소득세는 아버지가 가족들을 대표해서 내는 경우가 많아요. 집이나 땅 같은 재산들도 대개는 아버지의 이름으로 등록되어 있는 경우가 많고, 직접 밖에 나가서 일을 하고 돈을 받는 것도 아버지인 경우가 많으니까요. 집에서 살림만 하는 엄마가 있다면, 아버지 못지않게 많은 일을 하지만 엄마 이름으로 버는 돈이 없기 때문에 세금을 내지도 않아요.

시민혁명이 일어나던 시절의 프랑스나 미국도 마찬가지였지요. 그래서 그 당시에 '능동시민'으로 인정받아서 투표권을 얻을 수 있었던 것도 대부분은 아버지들, 즉 성인 남성들이었어요. 반대로 '수동시민'으로 분류되어 투표권을 가질 수 없었던 것은 누구일까요? 여자들, 어린이들, 그리고 가진 것도 없고 버는 것도 없어서 세금을 낼 수가 없었던 가난한 사람들이었지요.

아프리카에서 끌려와 노예가 된 미국의 흑인들은 투표권은커녕 마음대로 결혼을 하거나 이사를 갈 수도 없었어요. 재산을 가질 수도 없고, 주인이 때리거나 죽여도 경찰에 신고할 수도 없었지요.

앞에서 잘났거나 못났거나, 착하거나 못됐거나, 유능하거나 무능하거나 상관없이 모든 사람들은 인간으로서의 가치와 권리를 보장받아야 한다고 했었지요? 프랑스와 미국에서 시민혁명 때 발표한 '인권선언'과 '독립선언'에는 모든 인간이 태어날 때부터 자유롭고 평등하게 살아갈 권리를 가지고 있다고 쓰여 있어요. 하지만 실제로는 세금을 내는 사람들과 그렇지 못한 사람들을 구분하고 차별했던 것이지요.

그 시대의 사람들은 이렇게 모순된 행동을 하면서도 스스로 잘 깨닫지 못하고 있었던 거예요.

로자 파크스는 왜 자리에서 일어나지 않았을까?

시민혁명을 통해 말 그대로 '모든 인간이 똑같은 권리를 누리는' 세상이 오는 줄 알았다가 사실은 아무것도 변하지 않았다는 걸 깨달은 사람들은 실망할 수밖에 없었어요. 그들 역시 조금씩 생각을 모으고 힘을 모으기 시작했지요. 얼마 뒤 '수동시민'들은 시민혁명을 이끌고 민주주의 제도를 만든 '능동시민'들에게 맞서서 자신들의 권리를 요구하기 시작했어요. 흑인과 여성들이 자신들에게도 투표권을 달라고 주장한 것이지요.

미국 정부가 흑인들을 노예 신분에서 해방시키기로 한 것은 1863년이었어요. 그 해에 링컨 대통령이 '흑인노예해방선언'을 발표했지요. 하지만 미국의 모든 사람들이 노예 제도를 폐지하는 것에 찬성했던 것은 아니에요. 미국의 남부 지역에서는 큰 규모의 농장을 흑인 노예의 노동력을 이용해 경영해 왔기 때문에 노예 제도 폐지에 반대했지요. 노예 제도를 비롯해 여러 가지 측면에서 의견이 달랐던 미국의 북부와 남부는 5년간 남북전쟁*을 치렀고, 그 결과 북부의 승리로 1865년에야 비로소 공식적으로 노예 제도가 폐지됐지요.

★ 남북전쟁(1861~1865)
미국의 북부와 남부가 벌인 내전이다. 전쟁은 남부의 패배로 끝이 났고, 그 뒤 노예 제도가 공식적으로 폐지되었다.

하지만 노예 신분에서는 해방됐다고 해도 미국 정부는 한동안 흑인들에게 투표권을 주지 않았어요. 그뿐만 아니라 흑인들은 백인들과 함께 학교에 다닐 수도 없었고, 같은 식당에서 밥을 먹을 수도 없었어요. 심지어 야구장에서 백인 선수들과 함께 경기를 할 수도 없었어요. 쇠사슬에 묶인 채 채찍질을 당하지는 않게 됐지만, 똑같은 사람이라는 인정을 받지는 못했던 거예요.

그런 차별을 없애기 위해 흑인들은 수십 년 동안 정말

힘들게 싸웠어요. 엄청나게 많은 사람들이 백인 경찰들에게 두들겨 맞고, 잡혀가고, KKK단이라는 이름의 무시무시한 백인우월주의 테러단체에 납치되어 목숨을 잃으면서도 맞서 싸웠어요. 광장에 모여서 '흑인에게도 투표권을 달라'고 적은 피켓을 들고 시위를 벌이기도 하고, 법에 호소하기도 했지요. 그러다가 1955년 클리블랜드에 살던 로자 파크스라는 흑인 여성이 겪은 억울한 일이 계기가 되어 미국의 흑인들이 하나로 뭉치기 시작했어요.

로자 파크스는 백화점에서 일하는 사람이었어요. 하루 종일 선 채로 손님들을 맞이하며 일을 하다보니 늘 다리가 아플 수밖에 없었지요. 하루는 로자 파크스가 버스를 타고 퇴근하면서 빈자리에 앉았는데, 뒤늦게 버스에 탄 백인이 '백인용 자리니까 비키라'고 요구했어요. 하지만 로자 파크스는 그 요구를 거절했어요. 다리가 너무 아팠던 데다가, 흑인이라는 이유만으로 서서 가야 한다는 건 옳지 않다고 생각했기 때문이었지요. 곧 버스 기사도 차를 세우고 자리에서 일어나라고 요구했지만 그것도 거절했고, 얼마 뒤 경찰이 일어나라고 요구하는 것도 거절했어요. 그러자 경찰은 로자 파크스를 잡아가고 말았지요.

말도 안 되는 일이었지만, 그때 미국의 그 도시에는 '분리에 관한 법률'이라는 것이 있어서 버스에도 백인이 앉는 자리와 흑인이 앉는 자리가 따로 있었고, 그걸 어기는 것은 죄가 됐기 때문이에요.

불과 60년 전인 그때, 미국에서 흑인이 백인과 똑같이 행동하는 것은 죄였어요. 흑인과 백인은 갈 수 있는 곳도 서로 달랐고, 할 수 있는 일도 달랐어요. 물론 버스 자리만이 아니라 학교나 식당이나 상점에도 백인과 흑인의 구분이 있었고, 물을 마시는 곳도 백인과 흑인은 달랐어요. 물론 좋은 것은 모두 백인들의 것이었고, 가장 형편없고 더럽고 비좁은 곳이 흑인들의 차지였지요.

로자 파크스라는 흑인 여성이 버스에서 백인에게 자리를 내주지 않았다는 이유만으로 경찰에 잡혀갔다는 소식은 금세 미국 곳곳으로 퍼졌어요. 그러자 많은 흑인들이 더 이상은 참을 수 없다며 분노했지요. 하지만 백인들과 싸움을 벌이거나 했던 것은 아니에요. 흑인들은 마틴 루터 킹이라는 현명한 지도자를 따라서 냉정하고도 무서운 방식으로 항의했어요.

우선 모든 흑인들이 아무리 먼 길이라도 절대 버스를 타지 않고 걸어서 다니기로 약속을 했지요. 무려 1년 동안이나 말이에요. 다리가 아프고 많은 시간이 걸리더라도, 흑인과 백인을 차별하는 버스 회사가 멀쩡히 영업을 하면서 돈을 벌게 할 수는 없다고 생각했던 거예요. 그리고 흑인들에게도 단결해서 뜻을 이룰 힘이 있다는 걸 보여주려고 했던 거예요.

그 1년 동안, 특히 로자 파크스의 사건이 있었던 클리블랜드의 몽고메리라는 마을에서는 버스가 늘 텅텅 빈 채로 다닐 수밖에 없었어요. 버스 회사들이 심각한 경영난에 빠지게 된 것도 당연한 일이었고 말이지요. 하지만 더 중요한 것은, 백인들이 자신들이 흑인들에게 하는 일이 옳지 않은 행동이라는 것을 조금씩 깨닫기 시작했다는 점이었어요. 어느 흑인 여성이 잡혀갔다는 소식은 금방 잊혀졌지만, 흑인 차별에 항의하기 위해 모든 흑인들이 버스를 타지 않는다는 소식은 1년 내내 들려왔기 때문이지요.

흑인들은 백인과 다르기 때문에 차별받는 게 당연하다고 생각했던 백인들도 있었지만, 대부분의 백인들은 별 생각 없이 흑인들을 차별하는 것에 익숙해졌을 뿐이었거든요. 그런 사람들은 버스를 타지 않고 먼 길을 걸어다니는 흑인들을 보면서 백인들이 그동안 잘못해 왔다는 생각을 조금씩 하게 된 거예요.

결국 로자 파크스가 경찰에 끌려가고 법정에서 벌금형

을 선고받은 지 꼭 1년 만에 미국 연방대법원은 '분리에 관한 법률'이 위헌이라고, 즉 헌법에 어긋난다고 판결했어요. 흑인과 백인을 분리하게 만든 법 자체가 잘못된 법이고, 로자 파크스는 잘못이 없다고 판결한 것이지요.

이 판결 이후 더 많은 흑인들이 차별을 없애기 위해 나섰고, 또 다른 잘못된 법들이 바뀌기 시작했어요. 그로부터 10여 년이 지난 1965년부터는 흑인들도 선거에 참여할 수 있게 됐지요.

하지만 백인들이라고 해서 모두 흑인들보다 나은 대우를 받았던 것은 아니에요. 여성들의 권리도 흑인들 못지않게 무시당해 왔기 때문이지요.

세계에서 처음으로 여성들에게 투표권을 주기 시작한 나라는 뉴질랜드였어요. 시민혁명을 통해 성인 남성들이 투표권을 얻은 것보다 100년쯤 늦은 1893년의 일이었지요. 시민혁명을 일찍 성공시킨 나라라고 해서 여성들의 권리도 먼저 보장하기 시작한 것은 아니었어요. 뉴질랜드보다 훨씬 먼저 시민혁명을 이룬 영국은 1918년, 미국은 1920년, 프랑스에서는 1944년에야 비로소 여성들의 투표권이 생겼거든요. 심지어 사우디아라비아의 여성들은 2015년에야 비로소 투표를 할 수 있게 되었지요.

물론 투표권을 얻었다고 해서 인권을 모두 보장받는 것은 아니지만 투표권을 가졌다는 것은 그 사회의 주인으로 인정받았다는 뜻이지요. 따라서 투표권을 얻기 위한 노력은 인권을 찾기 위한 노력의 첫 걸음이라고 할 수 있어요.

흑인과 여성들은 시민혁명 이후에도 백년이 넘게 노력을 기울인 끝에 선거에 참여하는 기본적인 권리를 얻어 낼 수 있게 됐어요. 그리고 그런 과정을 통해서 인권이란 말의 뜻이 조금 더 커지게 됐어요. 처음에는 생명과 자유와 재산을 가질 권리만을 뜻했지만, 이제는 '공동체에 대한 기여가 있건 없건 상관없이, 평등하게 대우받고 스스로에 대한 결정권을 가지는 것'을 뜻하게 된 것이지요.

장애인의 권리를 지키는 것이 왜 중요할까?

시민혁명을 통해 '인권'이라는 생각이 처음 세상에 자리를 잡았지요. 그리고 흑인과 여성들도 투표에 참여할 수 있게 되면서 인권을 누릴 수 있는 '인간'의 범위는 좀 더 넓어졌어요.

하지만 그게 전부는 아니에요. 사람들은 굉장히 다양하

거든요. 예컨대 앞에서 백인과 흑인 이야기를 했지만 사실은 백인도 아니고 흑인도 아닌 사람들도 있잖아요. 황인종이나 혼혈인처럼 말이지요. 또 남성과 여성에 관한 이야기를 했지만, 남성에서 여성으로 혹은 여성에서 남성으로 성을 바꾼 사람들도 있어요. 물론 이런 모든 이야기에서 제외된 장애인도 있고, 노인이나 미성년자들도 있고 말이지요.

그렇게 모든 일에 늘 제외되고 무시되어 온 사람들이 자신들의 권리를 찾기 위해 나서기 시작한 것은 그리 오래되지 않았어요. 최근에서야 숫자도 적고, 힘도 없고, 편견을 피해 숨어 살기까지 했던 많은 사람들이 모이고 용기를 내서 목소리를 내기 시작한 것이죠.

우선 장애인들에 대해 생각해 볼까요? 우리나라 사람들 중에 5% 정도가 장애인이라고 해요. 우리나라에 5천만 명 정도가 산다는 걸 생각하면 대략 250만 명 정도는 장애인인 셈이지요. 하지만 실제로 비장애인들이 주변에서 장애인들을 만나기는 생각보다 어려워요. 많은 장애인들이 복지관이나 재활원 같은 시설에 살거나, 외출을 거의 하지 않기 때문이에요. 장애인들이 외출을 꺼리는 이유가 그들의 성격이 내성적이거나 조용한 것을 좋아해서는 아니에요. 장애인들이 외출을 꺼리는 첫 번째 이유는 장애인들이 더

럽다거나, 위험하다거나, 불쾌하다는 편견을 가진 사람들의 시선이 불편하기 때문이고 다른 이유는 장애인들이 혼자 밖에 돌아다니기엔 너무 힘들고 위험하기 때문이지요.

주변의 거리를 한번 생각해 보세요. 지하철을 타려면 수많은 계단을 오르내려야 하고, 버스를 타려고 해도 두 걸음 정도는 올라서야 하죠. 장애가 없는 이들에게는 전혀 어렵지 않은 길이겠지만, 휠체어를 탄 사람이라면 어떨까요? 병원이든 학원이든 미용실이든 간에, 계단을 오르내리지 않고 드나들 수 있는 곳은 거의 없지요. 게다가 휠체어를 탄 채 계단을 오르내릴 수 있는 기계인 '휠체어리프트'가 설치되어 있는 곳은 정말 드물어요. 간혹 지하철 역 같은 곳에 설치되어 있긴 하지만, 제대로 관리가 되지 않아서 작동되지 않는 것들도 굉장히 많지요.

이렇게 장애인들은 외출도 쉽지 않은데 정부나 지방자치단체에서 그런 장애인들을 위한 시설을 만드는 데 예산을 더 많이 쓰겠다고 하면 환영하는 사람들은 많지 않아요. 더 많은 아파트를 짓고, 더 많은 도로를 만드는 대신 자신들과는 상관없는 곳에 세금을 쓰는 것이 마음에 들지 않기 때문이에요.

트랜스젠더와 동성애자들을 포함하는 성소수자의 상황

은 장애인보다 훨씬 심각해요. 우선 우리나라 사람들 중에 성소수자가 몇 명이나 되는지도 정확히 알 수 없어요. 자신이 성소수자라는 사실을 밝히면 불이익을 받는 경우가 많기 때문에 대개는 비밀로 하거든요. 추정하기로는 적어도 5%에서 많으면 20% 정도가 성소수자일 거라고 해요.

성소수자라는 사실이 알려진 사람들은 조롱과 비난을 당하기도 하고, 심지어 정신병자로 취급되어 강제로 병원에 수용되기도 했어요. 본인뿐만 아니라 가족들까지도 손가락질을 받게 되고, 취업에도 많은 불이익이 있어요. 얼마 전까지도 성소수자로 알려진 연예인이 방송에조차 나올 수 없었지요.

동성애는 나쁘다는 편견과 나와는 다르다는 이유로 모든 인간은 평등하다는 민주주의의 원칙과 시민혁명의 정신을 많은 이들이 잊고 있었던 것이지요.

그런 차별과 편견을 없애기 위해 수십 년 전부터 장애인들과 성소수자들은 용감하게 거리로 나서기 시작했어요. 장애인들은 지하철 선로에 자신의 휠체어 바퀴를 쇠사슬로 묶고 누운 채 장애인들이 밖을 돌아다닐 수 없게 만드는 현실에 대해 고발했어요. 동성애자들은 당당하게 연인들과 손을 잡고 거리를 행진하기도 했고요.

그 밖에도 이주노동자, 다문화인, 탈북자, 탈학교청소년 등 그동안 잘 알려지지 않았고, 그래서 여러 가지 불이익을 감수해야만 했던 수많은 사람들이 자신들의 권리를 주장하기 시작했어요.

그들도 흑인이나 여성들처럼 많은 어려움을 겪어야 했어요. 비난과 조롱을 받아야 했고, 더 심한 차별을 당하기도 했지요.

하지만 조금씩 세상이 바뀌기 시작했어요. '살색'이라는 색깔 이름이 '살구색'으로 바뀐 것도 하나의 사례지요. 살이 살구색인 사람도 있지만 흰색이나 검은색인 사람도 있고, 살이 어떤 색이건 다 똑같은 인간이라는 사실을 모두가 알게 된 것이지요.

또한 회사에서 직원을 뽑는 구인광고에 '용모단정'이나 '키 170㎝ 이상' 같은 문구를 넣지 못하게 된 것도 하나의 사례예요. 능력에 대해 확인하기 전에 미리 키나 얼굴 같은 겉모습 때문에 차별받지 않을 수 있도록 보호하기 시작한 것이니까요.

인권은 누구나 태어나면서부터 가지고 있는 것이에요. 하지만 스스로 주장하지 않으면 보장받을 수가 없어요. 민주주의는 모든 사람들이 참여해서 결정하는 대로 이루어지게 되는 것인데, 사람들이 알지 못하고 동의하지 않으면 아무것도 이루어질 수 없기 때문이지요.

사람들은 자신과 관련이 없으면 무관심한 경우가 많아요. 자신과 상관없는 고통이나 문제에 대해서는 신경을 쓰

지 않지요. 각자 자신의 고통과 문제를 많은 사람들에게 알리고, 그것을 보장해야 하는 이유에 대해 설득하지 않으면 누구도 대신해서 그 문제를 해결해 줄 수가 없다는 뜻이에요.

그래서 루돌프 폰 예링이라는 독일의 법학자는 이런 말을 남겼다고 해요.

"권리 위에서 잠을 자는 사람은 보호받을 수 없다."

자신의 권리를 스스로 지키기 위해 노력하지 않으면, 누구도 권리를 누릴 수 없다는 뜻이지요.

학생인권조례란 무엇일까?

이 책을 읽으면서 '인권'이라는 말을 여러 번 봤지요? 또 TV나 신문기사에서도 '인권침해'라는 말을 자주 만나게 돼요. 그래서 어떤 것이 지켜야 할 인권이고, 어떤 것이 하지 말아야 할 인권침해인지에 대해 대략은 알고 있을 거예요. 하지만 실제로 살아가다 보면 책이나 매체에서 접하는 그런 인권들을 정작 우리 자신도 제대로 보호받지 못하고 있다는 것을 알게 될 때가 있어요. 대표적으로 학교는 인권이 쉽게 침해당하는 곳이기도 해요.

학교에서 인권이 제대로 지켜지지 못하는 데는 몇 가지 이유가 있어요. 원래 교육은 엄하게 해야 하고, 나이가 어린 사람은 어른들의 가르침에 복종해야 한다는 조상들의 전통적인 생각을 내려받은 것도 큰 이유지요.

그리고 좁은 교실에서 너무 많은 학생들에게, 그것도 별로 재미가 없는 대학진학 공부를 가르쳐야 한다는 상황도 중요한 이유예요. 하루 종일 수십 명의 학생들이 같은 교실에서 따분한 수업을 듣다 보면 졸거나 딴 생각을 하는 친구들도 나올 수밖에 없거든요. 그러다 보면 다른 친구들의 공부를 방해하는 친구들도 생기게 되고요. 그런 경우에 선생님들 입장에서 가장 쉽고 빠른 해결책이 바로 체벌 같은 강제수단인 것이지요.

어쨌든 체벌, 두발과 복장 단속, 휴대전화 수거와 강제 가방 검사, 성적에 따른 모욕적인 질책, 자율학습과 보충수업 강요 등등. 학교는 수많은 것들을 학생들에게 강요하고, 많은 경우에 학생들의 인권을 침해하게 되지요.

'학생인권조례'는 2010년 경기도 교육청에서 처음 시작됐어요. '조례'라는 건 지방자치단체에서 만드는 규칙이에요. 국회에서 만드는 '법률'보다는 힘이 약하지만, 그래도 지키지 않으면 지방자치단체에서 징계를 할 수 있기 때문에 영향력이 있어요. 어떤 학교나 선생님이 학생인권조례에서 금지하는 일을 한다면, 교육청이나 시, 도청으로부터 불이익을 받을 수 있다는 얘기지요.

경기도에서 제일 먼저 시작됐지만 얼마 뒤인 2012년과 2013년에 서울특별시와 광주광역시, 전라북도에서도 학생인권조례를 만들었어요. 그리고 부산광역시에서도 준비하고 있고요.

지역마다 조금씩 차이는 있지만, 학생인권조례에는 대략 이런 내용들이 들어 있어요.

체벌, 야간자율학습, 보충수업 등을 강제하는 것, 양심에 반하는 내용의 반성, 서약 등 진술을 강요하는 것, 임신이나 출산이나 생리의 고통을 이유로 차별하거나 불이익을 주는 것, 학생 동의 없이 소지품 검사하는 것 등을 금지한다.

복장, 두발 등 용모에 대해서 자기의 개성을 실현할 권리, 세계관, 인생관 또는 가치적·윤리적 판단 등 양심의 자유와 종교의 자유를 가질 권리, 그리고 학교 운영과 교육청의 교육정책과정에 참여할 권리 등을 보장한다. 학교는 학생과 교원에게 일정한 시간의 인권교육을 해야 하고, 학생인권 침해에 대한 상담 및 구제를 위하여 학생인권옹호관을 둔다.

모두 학교 생활에 직결되는 내용들이니까, 알아두면 자신의 권리를 지키고 즐거운 학교 생활을 하는 데 큰 도움이 되겠지요? 구체적인 내용은 자신이 다니는 학교가 속한 지역의 교육청 홈페이지를 통해 찾아보면 돼요.

3장

헌법의 역할은
무엇일까요?

법이 있으면 인권은 보장되는 것일까?

'최저임금'이라는 제도가 있어요. 나라 안의 어떤 회사라도 직원들에게 최소한 얼마 이상의 봉급을 주지 않으면 처벌을 받게 되는 제도지요. 노동조합*을 통해서 충분히 자기 권리를 찾을 수 있는 사람들도 있지만, 보통의 노동자 한 사람 한 사람은 회사 사장님보다 힘이 적고 제대로 자기 주장을 할 수 없는 경우가 많아요. 그래서 그런 힘없는 노동자들에게 무리하게 일을 시키고 임금을 제대로 주지 않는 일도 종종 벌어지곤 하지요. 최저임금 제도는 그런 일이 없게끔 정부가 최소한의 임금 수준을 지켜 주기 위한 제도예요.

★ **노동조합** 더 나은 환경과 조건에서 일하기 위해 노동자들이 만든 조직이다.

최저임금이 얼마인지는 해마다 달라져요. 물가와 돈의 가치가 늘 달라지기 때문에, 해마다 다시 정해야 하는 것이지요.

예를 들어 2016년 우리나라의 최저임금은 1시간에 6,030원이에요. 2016년에 우리나라의 기업이 어떤 사람을 직원으로 뽑아서 하루에 8시간 동안 일을 시켰다면, 적어도 48,240원 이상의 일당을 줘야만 한다는 얘기지요. 물론 한 달 내내 그렇게 일을 시켰다면 최소한 1,447,200원 이상의 월급을 줘야만 처벌을 받지 않는다는 뜻이고요.

대부분의 회사들이 최저임금보다는 많은 월급을 주고 있어요. 사람들은 최저임금이라는 것에 대해 알고 있고, 만약 그보다 적은 임금을 받게 되면 신고를 해서 회사를 처벌받게 할 수도 있지요.

하지만 아직 어린 학생들이나 나이가 많은 노인들을 고용하는 작은 상점이나 공장 같은 곳에서는 최저임금이 잘 지켜지지 않는 경우도 있어요. 어린 학생들이나 노인들 중에는 최저임금이라는 것이 있는지도 잘 모르는 이들도 많고, 알더라도 겁이 나서 따지지 못하는 경우가 많기 때문이에요.

만약 '왜 최저임금보다도 적은 돈을 주시나요?'라고 따지면 그제야 딱 최저임금만큼을 채워서 주는 경우도 있지만, 오히려 '이거라도 받기 싫으면 당장 그만두라'고 화를 내는 곳도 있다고 해요. 물론 그럴 때 노동부에 신고를 하면 그동안 받지 못한 돈까지 한꺼번에 받을 수도 있지만, 잘 모르거나 무서워서 포기하는 사람들도 많지요. 스스로 알아보고 용기를 내지 않으면 당연한 권리도 지켜지지 않는 하나의 사례라고 할 수 있어요.

그런데 만약 최저임금보다도 적은 월급을 주는 기업들이 많아지는데도 직원들이 다들 꾹 참고 따지지도 신고를 하지도 않는다면 어떤 일이 벌어질까요? 점점 더 많은 기업들이 최저임금제도를 지키지 않을 테고, 점점 더 많은 사람들은 최저임금에도 못 미치는 돈만 받으면서 일을 하게 될 거예요. 정부에서도 해마다 최저임금 기준을 새로 만들어서 알리는 일에 소홀할 테고, 누군가 최저임금제도를 어긴 기업을 신고해도 제대로 처벌을 하지 않게 될지도 몰라요. 설마 그럴 리가 있겠느냐고요?

★ 전태일(1948~1970) 한국의 노동운동을 대표하는 사람이다. 평화시장의 봉제노동자로 일하면서 열악한 노동조건을 바꾸기 위해 노력하다가 1970년 11월 노동자는 기계가 아니라고 외치면서 분신했다. .

그런데 불과 수십 년 전까지만 해도 우리나라에서는 그런 일이 아주 흔하게 벌어지곤 했어요. 여러분도 전태일★이라는 이름을 들어 본 적이 있죠? 전태일은 법으로 정해 놓은 노동자들의 권리를 짓밟는 현실에 맞서 싸우다가 목숨을 잃은 사람이에요.

전태일은 1960년대에 청계천에 있던 공장에서 재봉틀을 돌려서 옷을 만들던 노동자였어요. 그런데 그 시절의 재봉사들은 먼지가 가득한 공장에서 거의 매일 밤을 새우며 하루에 16시간 이상 일을 했어요. 심지어 토요일, 일요일도 없이 일을 하고 휴일은 한 달에 한두 번밖에는 주어지지 않았죠. 그런데도 받는 돈은 세끼 쌀밥을 먹기에도 부족할 만큼 적었어요. 월급이 3천원 정도였는데, 당시 서울의 시내버스비가 10원이었으니까, 매일 버스를 타고 출퇴근을 해도 월급의 1/5이 사라지게 되는 셈이었지요. 그런 힘든 조건에서 일을 하다 보면 많은 직원들이 폐결핵이나 영양실조 같은 병에 걸리곤 했는데, 그러면 치료를 해 주기는커녕 '일을 할 수 없으니 더 이상은 필요 없어'라며 회사에서 쫓겨나게 됐어요.

그때도 이미 '근로기준법'이라는 법이 있었어요. 일은 하루에 8시간만 시킬 수 있고, 매주 일요일에는 쉬게 해야 한다고 법으로 정해져 있었지요. 만약 그 이상 일을 시키려면 더 많은 돈을 줘야 한다는 내용도 들어 있었고요. 당연히 병에 걸렸다는 이유만으로 함부로 직원들을 내쫓을 수도 없고, 건강에 무리가 갈 만큼 나쁜 환경에서 일을 시키

지 못하게 되어 있었지요.

법이 있으면 뭐 하나요? 그때는 그런 법을 지키는 사람이 아무도 없었어요. 노동자들은 그런 법이 있다는 사실도 잘 몰랐고, 정부는 노동자들의 인권보다 수출을 늘리는 일에 신경을 쓰고 있었지요. 그러니 기업들이 알아서 그 법을 지킬 리가 없었던 것이지요.

우연히 근로기준법에 대해 알게 된 전태일은 그 법대로 휴식시간과 정당한 월급, 일할 환경을 만들어 달라고 요구했어요. 하지만 들어주는 이가 아무도 없었지요. 관청에서도 문전박대를 당했고, 회사에서는 쫓겨나고 말았지요. 결국 전태일은 근로기준법이 적혀 있는 법전을 안고 몸에 불을 질러 스스로 목숨을 끊고 말았어요. '근로기준법을 지켜라'라고 외치면서 말이지요.

전태일이 자신의 몸을 불태우면서까지 외친 덕분에 많은 노동자들이 근로기준법과 자신의 권리에 대해 알게 됐어요. 그리고 정부에서도 노동자들의 처지에 대해 조금 더 관심을 가지게 됐고요. 그 뒤로 많은 노동자들이 모여서 노동조합을 만들기 시작했고, 노동자들의 이익과 권리도 조금씩 지켜지게 됐어요.

이제는 근로기준법을 지키지 않는 회사들이 예전보다 훨

씬 적어요. 그리고 법도 그 시절보다는 노동자들의 권리를 더 많이 보호하도록 여러 차례 바뀌었지요. 전태일이 살던 시대에 비해 오늘날의 노동자들은 훨씬 편하고 안전하게 일하면서 훨씬 풍족한 삶을 누릴 수 있게 됐어요. 말하자면 우리나라의 모든 일하는 사람들은 전태일이라는 분에게 커다란 신세를 지고 있는 셈이라고 할 수 있어요.

스스로 지키지 않는 권리는 누구도 대신 지켜 주지 않아요. 마찬가지로 한 번 얻어진 권리라고 해서 영원히 지켜지는 것도 아니지요. 나의 권리를 침해하는 것이, 누군가에게는 이익이 될 수도 있기 때문이에요. 그리고 자신의 권리를 지키기 위해 열심히 노력하고 싸우지 않으면, 이미 자신의 권리를 지켜 줄 법이 있다고 하더라도 그것을 아무도 지키지 않을 수도 있어요.

'나쁜 법'이 있다면 어떻게 해야 할까?

법을 만드는 것은 누구일까요? 법학대학을 졸업하고 시험을 통과해서 법관이 된 분들일까요? 그러니까 법은 대법원 판사 같은 분들이 만드는 걸까요? 아니에요. 법을 만드는 것은 법관이 아니라 국회의원들이에요. 국민들이 직접 선거에 참여해서 뽑은 국민의 대표들이 국회에 모여서 법안을 만들고 그것이 합의에 이르면 법이 돼요. 그래서 국회를 다른 말로 '입법부'라고도 불러요.

법관이 아닌 국회의원들이 법을 만든다는 건 많은 뜻을 담고 있어요. 우리는 흔히 법을 '옳고 그름을 구분하는 기준'이라고만 생각해요. 하지만 그 옳고 그름의 기준이 성경이나 불경, 코란, 혹은 도덕책에 나오는 것과는 조금 다르다는 점은 잘 생각하지 못하지요. 즉, 법전이란 윤리적으로 선한 것이 무엇이고 악한 것이 무엇인지를 적어 놓은 책이 아니라는 거예요.

그렇다면 법은 무엇일까요? 그것은 국회의원이 어떤 사람들인지를 생각해 보면 알 수 있어요. 정당들이 각 분야의 전문가들을 뽑아서 만드는 비례대표 국회의원도 있긴 하지만, 대부분의 국회의원들은 각 지역에서 선거를 통해 뽑힌 주민들의 대표예요.

예컨대 인구가 많은 서울은 각 구마다 2명 정도의 국회의원을 뽑고, 인구가 적은 지방은 한두 개의 군에서 1명 정도의 국회의원을 뽑아요. 서울의 강남갑, 강남을, 은평갑, 은평을 같은 지역구에서 한 명씩의 국회의원이 선출되고

충청북도의 음성군+진천군, 전라북도의 남원군+순창군에서 한 명씩의 국회의원이 뽑혀요. 그렇게 전국에서 선출된 국회의원이 300명쯤 되는데, 그들이 국회에 모여서 합의를 하거나 표결을 해서 통과되면 법이 돼요.

다시 말하자면, 법은 국민들의 대표가 모여서 합의를 함으로써 만드는 거예요. 법이란 국민들이 원하는 바를 담은 것이지요.

그런데 문제는 국민들이 원하는 것이 항상 옳은 것은 아니라는 점이에요. 특히 국회에서 합의가 이루어지지 않을 때는 다수결로 결정되기 때문에 그 법을 원하지 않는 국민들이 있어도 법으로 만들어지기도 해요. 다수의 선택이 항상 옳은 것은 아니지요.

그뿐 아니에요. 국회의원들이 국민들의 뜻과는 아무 상관없이 자기들 마음대로 결정을 하고 법을 만들거나 고치는 경우도 있어요. 시간이 흐른 뒤에 보면 국회에서 내린 결정이 잘못된 경우도 종종 있어요. 그래서 역사에 '악법'이라고 평가되는 법들이 만들어지는 거예요.

이런 이유들로 일부나 혹은 전체 국민들의 인권을 침해하는 나쁜 법이 만들어지기도 하지요.

앞에서 얘기했던 미국의 '선천적 장애인에게 강제로 불임수술을 시키는 법'이 대표적인 예라고 할 수 있어요. 장애인들이 보기 흉하다고 생각하는 사람들이 있을 수도 있어요. 또 장애인들이 많아지면 복지비용이 많이 들기 때문에 자신이 피해를 입는다고 생각하는 사람들도 있을 수 있지요. 하지만 그들의 의견대로 장애인의 수를 줄이기 위한 법을 만들어서 집행한다는 것은 윤리적으로 옳지 않아요. 본인의 뜻과 상관없이 강제로 임신할 수 없게 만든다는 것은, 아무리 많은 사람들이 원하는 것이라고 해도 있을 수 없는 일이죠.

우리나라에도 그 못지않은 악법들이 많이 있었어요. 그 중에서도 여러분이 쉽게 공감할 수 있는 사례 하나만 들어 볼게요.

우리나라에는 지금도 '경범죄처벌법'이라는 법이 있어요. 감옥에 보낼 만큼 큰 죄는 아니지만, 사회질서를 어지럽게 하는 사람들을 잠시 경찰서에 잡아 가두거나 벌금을 물리는 법이에요. 그런데 그 법에서 처벌대상으로 삼는 경우가 좀 이상하기도 하고 애매하기도 해요. 예를 들어볼까요?

'가려야 할 곳을 드러내는 행위, 벌금 10만 원 이하'
'공공장소에서 구걸로 인한 통행방해 등, 벌금 10만 원 이하'

'못된 장난 등으로 공무 수행중인 사람을 업무 방해하는 행위, 20만 원 이하의 벌금'

그 밖에도 '공공장소 줄에서 끼어들기, 떠밀기' '말 안 하고 불끄기' '과도한 문신으로 공포감 조성하기' 등등….

물론 꼭 처벌하거나 단속해야 하는 상황도 있어요. 하지만 굉장히 애매하고, 그래서 억울한 피해자들이 나올 수 있는 것들도 많아요.

길거리 공연을 하던 가수 '버스커버스커'를 공공장소에서 구걸을 했다는 죄로 경찰이 잡아가 벌금 10만원을 내라고 하는 게 옳을까요? 옆집 아주머니가 전화로 말싸움을 하다가 '아이고 사람 잡네'라고 소리 지르는 걸 듣고 살인이 벌어지고 있다고 신고를 했다가 공무 수행 방해죄로 20만원의 벌금을 내야 한다면 어떨까요?

'가려야 할 곳'이라는 기준도 너무 애매하지요. 실제로 1970년대에는 '가려야 할 곳을 드러낸 죄'로 미니스커트를 입은 여자들을 모두 잡아간 적도 있어요. 또 '풍기문란'이라는 죄로 머리를 길게 기른 남자들을 마구 잡아다가 강제로 머리카락을 잘라 버리기도 했었지요.

너무 짧은 치마를 입은 여자, 혹은 여자처럼 머리를 길게

기른 남자가 마음에 들지 않는 사람들이 더 많을 수도 있어요. 하지만 그렇다고 해서 잡아가거나, 강제로 머리를 잘라버리는 것도 옳지는 않지요. 그런데 한때 우리나라에서 국민들의 대표인 국회의원이나 대통령에 의해 저런 법들이 만들어지고 집행됐어요.

이렇게 잘못된 법들 때문에 억울하게 범죄자로 몰린 사람들은 어떻게 해야 할까요? 보통 억울한 일을 당하면 경찰에 신고하거나 고소를 해서 법의 도움을 받아야 하잖아요. 그런데 오히려 잘못된 법 때문에 억울한 일을 당한다면 도대체 어디에 호소를 해야 하는 걸까요?

법은 우리 사회에서 옳고 그름을 나누는 기준이에요. 그래서 사람들이 서로 옳다고 주장하다가 다툼이 생기고 갈등이 생기면 법의 판단에 따라 해결하게 되지요. 또 누군가의 잘못된 행동 때문에 피해를 입게 됐을 경우에는 법에 의해서 처벌하거나 배상을 받을 수도 있어요. 하지만 그 기준이 되는 법 중에서도 잘못된 것이 있을 수 있어요. 법은 신이 아닌 인간이 만드는 것이고, 많은 인간들의 이해관계에 따라서 만들어지는 것이기 때문이에요. 그래서 그렇게 잘못 만들어진 법을 심판하는 '법 위의 법'이 있어요. 바로 헌법이지요.

헌법을 왜 법 위의 법이라고 할까?

해외 여행을 하게 되면 외국인 친구를 사귀게 되는 일이 생겨요. 이야기를 나누다가 서로의 나라에서 벌어지는 일들에 대해 이야기할 수도 있을 거예요. 이때 어떤 사람이 '우리나라에서는 대통령 때문에 많은 사람들이 고생을 하고 있어. 사고가 났을 때 제대로 대응을 하지도 못했을 뿐만 아니라, 오히려 그 잘못에 대해 지적하는 사람들을 다 잡아다가 괴롭히고 있어'라고 말했다면, 혹시 죄가 될까요?

예전에 우리나라 형법에는 '국가모독죄'라는 것이 있었어요. 그 법은 이런 내용을 담고 있었지요.

내국인이 국외에서 대한민국 또는 헌법에 따라 설치된 국가기관을 모욕 또는 비방하거나 그에 관한 사실을 왜곡하고, 허위사실을 유포하는 등의 방법으로 대한민국의 안전, 이익, 위신을 해하거나 해할 우려가 있는 경우 7년 이하의 징역이나 금고에 처한다.

그래서 외국의 친구들에게 우리나라 정부와 국가기관에 관한 나쁜 이야기를 한 사람들이 이 법에 따라 죄인이 되곤 했어요. 외국의 기자들에게 우리나라 정부를 비판하는 인터뷰를 하거나, 외국인들을 상대로 우리나라 정부의 잘못을 지적하는 연설을 한 사람들이 감옥에 가기도 했지요.

하지만 민주주의 사회에서 정부와 국가기관은 국민들을 대신해서 일하는 사람과 단체일 뿐이에요. 국민들은 당연히 그들에 대해 비판하거나 불평할 권리를 가지고 있어요. 그런 비판과 불평이 줄어들 수 있도록 정부기관들이 노력하는 과정에서 나라가 발전하는 것이기도 하고요. 물론 정부에서 일하는 사람들은 굉장히 기분이 나쁠 수도 있겠지요. 특히 자신이 국민들을 대신하는 사람이 아니라, 왕처럼 군림하는 사람이라고 생각하는 독재자들은 더욱 화가 날 거예요. 그 때문에 우리나라가 독재자의 통치를 받던 1970년대에 바로 '국가모독죄'라는 법이 존재했던 거예요.

지난 2013년 헌법재판소에서는 형법의 '국가모독죄'가 위헌이라는 판결을 내렸어요. 국가모독죄라는 법의 내용 자체가 헌법에 어긋나기 때문에, 무효라고 선언한 것이지요.

이렇게 헌법재판소에서 '위헌', 즉 헌법에 어긋난다는 판결을 받은 법은 바로 그 순간부터 사라지게 돼요. 더 이상 그 법으로 사람을 잡아가거나 처벌할 수 없게 되는 것이지요. 헌법이 모든 법 위의 법이라는 말이 무슨 뜻인지 알겠지요?

2008년에는 '야간집회금지조항'이 위헌 판결을 받았어요. 해가 진 다음에 모여서 정치적 요구를 하면 안 된다는 내용이었는데, 그것이 헌법에 맞지 않는다고 결정한 것이지요.

'데모'를 나쁘게 보는 경우도 있지만, 사실 데모는 민주주의 사회에서 시민들이 자신들의 생각을 표현할 수 있는 중요한 수단이에요. 만약 데모, 그러니까 집회나 시위를 할 수 없다면 보통 사람들이 정치에 참여할 수 있는 방법은 4년에 한 번 선거 때 투표를 하는 방법밖에 없어요. 더구나 투표권이 없는 어린이나 청소년들은 정치에 참여할 수 있는 방법이 없는 것이고요. 그렇다면 민주주의 사회의 주인이 국민이라는 건 그저 말장난밖에 되지 않지요.

그래서 집회와 시위를 할 수 있는 자유는 민주주의가 제대로 이루어지고 있는지를 판단하는 중요한 기준이 됩니다.

'야간집회금지조항'이 폐지되기 전까지 우리나라에서는 해가 지기 전까지만 집회를 할 수 있었어요. 보통 어른들이 퇴근을 하고 나면 해가 지는 시간이기 때문에, 사실상 아무것도 할 수가 없잖아요. 2008년 '야간집회금지조항'이 위헌판결을 받은 것은 우리나라의 사람들을 억누르던 비민주주의적인 장애물이 하나 더 사라지게 된 것이죠.

법을 만드는 것도 사람이 하는 일이기 때문에 실수가 있을 수 있어요. 어느 나라에서나 여성을 차별하는 법, 장애인들을 차별하는 법, 민주주의를 억누르고 독재자나 몇몇 힘 있는 사람들에게만 유리한 법이 만들어질 수도 있어요. 하지만 그 법이 잘못된 것을 알고, 하나둘씩 고쳐 나간다면 세상은 조금씩 발전할 수 있어요.

잘못된 법을 바로잡기 위해 필요한 것이 바로 헌법이에요. 헌법은 모든 법 위에 있는 법이고, 법을 심판하는 법이기 때문이지요. 헌법은 한 나라의 이념과 규범을 담은 것이고, 그래서 함부로 만들거나 바꿀 수도 없어요.

물론 헌법도 사람들이 만드는 것이기 때문에 잘못 만들어지거나 나쁘게 바뀔 수도 있어요.

우리나라의 헌법은 1948년 7월 17일에 처음 만들어졌고, 이후 아홉 번이나 고쳐졌어요. 그중에서 여섯 번은 국민의 뜻이 아닌 독재자의 뜻에 따라 이루어진 부끄러운 일이었어요.

이미 임기를 모두 마친 대통령이 계속 대통령 직을 이어갈 수 있도록 헌법을 바꾸고, 심지어 당시의 대통령이 죽을 때까지 대통령 자리에 머물 수 있게 해 주기 위해 헌법을 고쳤어요. 그뿐만이 아니에요. 대통령이 권력을 마음대로 휘두르기 위해 많은 수의 국회의원들을 대통령이 정할 수 있게 하거나, 조금이라도 대통령을 비판하고 대통령의 지시에 저항하면 쉽게 잡아 가둘 수 있도록 허용하는 내용을 집어넣기도 했지요.

계속되는 독재자의 압제에 더 이상 참지 못한 국민들이 거리로 나와 독재자를 쫓아내고 국민들의 뜻에 맞는 새로운 헌법을 만들게 되었지요. 바로 1960년 4.19혁명과 1987년 6월 항쟁을 통해서 말이에요.

지금 우리나라의 헌법은 바로 1987년 6월 항쟁 때 직접 국민들의 손으로 만들어 낸 자랑스러운 헌법이에요.

헌법은 잘못된 법률 때문에 고생하는 국민들이 의지할 수 있는 든든한 버팀목 같은 거예요. 그리고 비탈길에 세워 둔 자동차처럼 자꾸 뒤로 흘러내리는 인권을 단단히 잡아 두는 고임목 같은 것이기도 하지요. 하지만 그 버팀목과 고임목 자체가 기울어지면 더 큰 문제가 생길 수도 있어요. 의지하려던 사람이 넘어져 다치거나, 자동차가 엉뚱한 방향으로 미끄러져서 큰 사고가 날 수도 있으니까요.

다행히 헌법은 다른 법률보다 훨씬 고치기가 어려워요. 보통의 법은 국회의원의 절반 이상이 찬성하면 만들거나

고칠 수 있지만, 헌법은 국회의원의 3분의 2 이상이 찬성해야만 고칠 수 있어요. 예전에는 총칼의 힘으로 헌법을 고친 독재자도 있었지만, 이제는 국민들 대다수가 뜻을 모아야만 헌법을 고칠 수 있게 됐지요.

하지만 만약 국민들이 정치와 헌법에 대해 관심을 가지지 않는다면, 그래서 정치인들의 속임수에 넘어가서 잘못된 선택을 한다면, 헌법이 옳지 못한 방향으로 바뀌고 그 헌법 아래에서 두고두고 후회하게 될지도 몰라요. 모든 국민들이 정치와 헌법에 대해 관심을 가지고 투표도 열심히 해야만 하는 이유가 바로 이것이에요.

모든 법 위에 있는 법이 헌법이라고 했었지요? 그래서 법은 헌법에서 정하고 있는 내용을 벗어나면 효력을 잃게 돼요. 그렇다면 법이 헌법에 맞는지 아닌지 판단하는 일은 누가 할까요?

미국에서는 연방대법원이 그런 일을 해요. 미국은 50개의 주가 모여서 이뤄진 나라이고, 그래서 각 주마다 법이 달라요. 어느 주에서는 죄가 되는 일이 다른 주에서는 죄가 되지 않는 경우도 있어요. 하지만 미국이라는 하나의 나라를 이루고 있기 때문에, 헌법만큼은 같은 것을 따르고 있지요. 그래서 모든 주의 법원 위에 연방대법원을 두고, 각 주의 법률이 달라서 생기는 갈등을 조정해요. 각 주의 법률 중에서 미국이라는 나라의 이념과 규범에 어긋나는 것이 있을 경우에 연방대법원 판사들이 헌법을 기준으로 그 법을 무효로 만들기도 하고 말이지요.

프랑스에서는 헌법위원회라는 조직에서 헌법에 관한 심판을 해요. 미국의 연방대법원이 헌법 말고 다른 법률 문제도 다루는 일반 법원인 것과 달리 프랑스의 헌법위원회에서는 헌법에 관련된 심판만 맡는다는 점에서 차이가 있어요. 그리고 미국의 연방대법원은 법관들로만 구성되는 것과 달리 프랑스의 헌법위원회에는 법관이 아닌 사람도 들어

갈 수 있어요. 전직 대통령 한 명이 반드시 포함되어야 하는 것도 특이한 점이지요. 하지만 헌법위원은 한 번 임기를 마치면 물러나야 하기 때문에 모든 전직 대통령이 동시에 헌법위원으로 활동할 수 있는 것은 아니에요.

우리나라는 헌법재판소에서 그런 일을 해요. 헌법만을 다루는 독립 기관이라는 점에서는 프랑스와 비슷하지만, 법관들로만 구성된다는 점에서는 미국과 닮았다고 할 수 있지요. 우리나라의 헌법재판소는 대

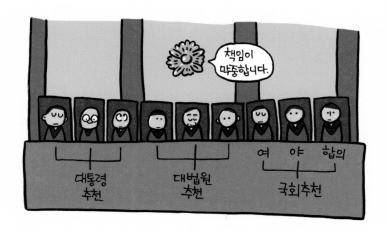

통령, 국회, 대법원에서 3명씩 추천해서 모두 아홉 명의 법관들로 구성되어 있어요.

헌법재판소는 안국동에 있는데, 직접 가서 견학을 할 수도 있어요. 그리고 헌법재판소 인터넷 홈페이지(www.ccourt.go.kr)에 접속하면 여러 가지 정보를 얻을 수 있는데, 특히 '어린이 헌법재판소'나 '알기 쉬운 헌법재판' 같은 메뉴를 클릭하면, 그동안 위헌 판정을 받았던 판례들을 만화로 설명해 주기도 하는 등 어린이들이 헌법에 대해 잘 알 수 있도록 아주 친절하고 자세하게 설명되어 있어요.

4장

헌법에는 어떤 내용이
담겨 있나요?

민주주의와 헌법은 어떤 관계가 있을까?

헌법은 꼭 글로 적혀야만 하는 건 아니에요. 영국이나 이스라엘 같은 나라에는 헌법이라는 이름의 법전이 없어요. 헌법은 아니지만 나라의 이념이나 규범을 담은 문서가 있는 경우도 있고, 굳이 말이나 글로 표현하지 않아도 너무나 당연하게 지켜야 할 것들을 염두에 두고 판결을 내리기도 해요. 그런 나라들의 헌법을 '불문헌법'이나 '관습헌법', 혹은 '연성헌법'이라고 해요.

하지만 역시 대부분의 나라에는 헌법이라는 이름의 법전이 있어요. 그것을 불문헌법이나 관습헌법과 구분하기 위해서 '성문헌법'이라고 부르지요.

제일 먼저 성문헌법을 만든 나라는 미국이에요. 미국은 원래 유럽의 여러 나라에서 모여든 사람들이 이룬 나라예요. 1607년에 영국의 청교도*들이 종교탄압을 피해서 지

금의 미국 땅에 들어와 살기 시작하면
서 미국의 역사가 시작된 것이지요. 그
시대에 유럽에서는 천주교를 믿는 것
만 허락됐고, 다른 종교를 믿으면 감옥
에 갇히거나 처형되기도 했거든요. 그

래서 개신교를 믿는 사람들이 마음껏 자신들의 종교를 지
키기 위해 정부의 힘이 미치지 않는 곳으로 피신한 것이지
요. 그리고 그들이 온갖 고생 끝에 자리를 잡자 뒤를 이어
유럽 여러 나라에서 하나둘 사람들이 모여들었어요. 그래
서 독립을 할 무렵에는 200만 명이나 되는 사람들이 미국
에서 살게 됐지요.

그렇게 이곳저곳에서 모여든 사람들이 어울려 살다보니,
늘 다툼이 벌어지곤 했어요. 먼저 정착한 사람들은 텃세를
부렸고, 나중에 온 사람들은 먼저 온 사람들이 가진 것을
빼앗으려 들었으니까요. 그럼에도 유럽의 다른 나라들보다
는 훨씬 평등하고 자유롭게 살 수 있다는 점이 장점이었죠.

그 시대에는 유럽의 모든 나라 사람들이 철저한 신분제
도에 따라서 왕과 귀족들의 지배를 받으면서 살고 있었거든
요. 하지만 미국에는 그런 왕족이나 귀족들이 거의 없었어
요. 원래 살던 유럽에서도 잘 살 수 있는 왕족이나 귀족들

이 굳이 아무것도 없는 허허벌판 미국으로 건너올 필요가 없었거든요. 그 당시 유럽에서 지금의 미국으로 건너간 사람들은 대부분 경제적으로 여유롭지 못하거나 종교적인, 또는 정치적인 이유 때문에 억압받고 쫓기는 사람들이었어요.

이렇듯 미국은 원래 유럽에서 힘들고 어렵게 살던 사람들이 모여들어서 직접 밭을 일구고 집을 지으며 세운 나라였어요. 그런데 그렇게 고생하면서 삶의 터전을 일구는 동안 아무것도 한 게 없던 영국 왕실에서 엄청난 세금을 걷어 가려고 하니 화가 날 수밖에 없었던 것이지요.

1776년 7월 4일, 시민의 대표들이 모여서 '독립선언문'을 발표했고, 1781년에는 새 나라의 원리와 규범을 담은 헌법을 발표했어요. 그리고 1783년에는 영국에서 완전히 독립된 나라로서 전 세계의 인정을 받게 됐지요.

왕과 귀족들이 없이 평등하게 살던 사람들이 세운 미국은 어떤 나라가 됐을까요? 유럽에서는 왕들이 '신이 내려 준 사람'이라고 주장하고 있었는데, 미국에는 어차피 신이 내려 준 사람은 없었잖아요. 그러니까 평등하게 살아가던 사람들이 모두 주인이 되는 나라를 만드는 수밖에 없었어요. 그때까지 있었던 가장 완벽한 형태의 민주주의 국가가 된 것이지요. 미국 사람들은 새 나라를 만들면서 맨 먼저

헌법을 만들고, 거기에 모든 국민들이 자유롭고 평등하게 살 권리가 있다는 점을 확실하게 적어 두었지요. 주권은 국민들에게 있고, 모든 제도나 기관은 국민들의 뜻을 대신해서 일할 뿐이라는 점 역시 분명하게 설명해 두었어요.

독립전쟁을 하던 미국을 가장 열심히 도와주었던 나라는 프랑스예요. 사실 프랑스 왕은 미국을 돕고 싶었다기보다는 라이벌인 영국을 견제하고자 미국을 지원한 것이었어요. 하지만 신분제도와 군주제도 없이 모든 시민들이 평등하게 사는 나라를 만들고 싶었던 프랑스의 젊은이들과 지식인들은 자발적으로 나서서 미국을 돕기도 했어요.

그렇게 미국의 독립을 위해 싸웠던 많은 프랑스 사람들은 전쟁이 끝난 뒤 미국에서 보고 배운 것을 바탕으로 프랑스혁명을 이끌고 헌법을 만드는 일에도 앞장섰어요.

프랑스는 혁명에 성공한 뒤 헌법을 만들고 프랑스를 '입헌군주제' 국가라고 선언했어요. 지금의 영국처럼, 왕이 있긴 하지만 실제 정치는 국민들의 대표가 하기로 한 것이지요. 하지만 얼마 뒤 어떤 사건으로 프랑스에서도 왕이 영원히 사라지게 되었어요.

프랑스의 왕 루이 16세는 시민혁명이 일어나자 왕비의 나라인 오스트리아로 도망친 후 그 나라의 군대를 끌고 프랑스로 돌아와 혁명을 일으킨 시민들을 몰아내려고 했어요. 혁명 시민들을 몰아내는 데 실패한 왕은 시민들에게 붙잡히고 말았죠. 밉긴 했지만 그래도 오랜 세월 동안 나라를 대표해 왔던 왕실을 그냥 두고 대접해 주려던 시민들도 더 이상 왕을 두고 볼 수 없었어요. 1793년 시민들은 왕과 왕족들을 몰아내고, 헌법의 내용도 고쳤어요. 주권은 오직 국민에게만 있고, 국민들에게는 자신의 권리를 가로막는 부당한 압제에 대해 저항해서 봉기를 일으킬 권리가 있다고 명확히 한 것이지요.

미국과 프랑스의 헌법은, 이렇게 자신의 권리를 부당하게 짓밟는 이들을 몰아내는 과정에서 만들어졌어요. 그래서 가장 중요한 내용 역시 시민들의 권리가 얼마나 소중한 것인지를 선언하고, 그것을 지키기 위해 어떻게 해야 하는가에 관해 설명하는 것들이었어요. 특히 프랑스 헌법의 기초가 된 인권선언문 제16조는 다음과 같아요.

'권리의 보장이 확보되지 않고, 권력의 분립이 정해지지 않은 사회는 헌법을 가지지 않는다.'

헌법이라는 건 기본적으로 민주주의 국가에만 있어요.

헌법이란 한 나라의 모든 사람들이 동의하고 또 지켜야 하는 원칙들을 담은 법이잖아요. 일부 사람들에게만 결정권이 주어졌던 왕정 시대에는 헌법이 필요하지 않았어요. 그런 나라에서는 왕의 마음과 생각이 나라를 다스리는 가장 중요한 원칙이었으니까요. 그래서 시민혁명을 통해 민주주의를 세운 나라가 등장하기 전까지는 헌법이라는 게 없었던 거예요.

프랑스 인권선언문 16조에 적혀 있는 것처럼, 시민들의 권리를 보장하지 않는 사회는 민주주의 사회가 아니에요. 또 시민들의 권리를 보장하려면 누군가가 권력을 한 손에 쥐고 마음대로 흔들 수 없어야 해요.

그래서 민주주의 국가의 가장 중요한 정치원리는 바로 권력의 분립이에요. 국민들을 대신해서 일을 하는 국가기관들의 역할과 권한을 여러 개로 나누어 서로 겹치거나 한쪽으로 몰리지 않게 하는 것이지요. 서로 견제하고 감시함으로써 왕과 비슷한 독재자가 나타나지 않게 하는 것이 바로 권력의 분립이에요.

미국과 프랑스에서 시민혁명이 일어나고 민주적인 헌법이 만들어진 다음, 많은 나라들이 그것을 본받아 시민혁명을 이루고 또 민주적인 헌법을 만들었어요. 스페인이나 네

덜란드, 벨기에 같은 나라들이 대표적인 경우였지요.

어떤 것을 가짜 헌법이라 할까?

미국이나 프랑스는 시민혁명을 통해 민주주의와 헌법을 얻었어요. 하지만 제대로 시민혁명을 성공시키지 못했기 때문에 민주주의를 만드는 데 애를 먹은 나라도 있어요. 독일이나 일본 같은 나라들이었지요. 그런 나라에서는 왕과 귀족들이 국민들을 속이는 데 성공했어요.

유럽의 다른 나라에서 시민혁명이 일어나 시민들이 자신의 권리를 찾고 있을 때 독일은 그제야 수십 개로 흩어져 있던 나라를 통일했어요. 독일을 통일한 것은 프로이센이라는 나라였는데, 그 나라의 왕과 귀족들은 시민혁명이 일어나기 전에 먼저 헌법을 만들기로 했어요. 시민들이 헌법을 만들라고 요구하기 전에 먼저 헌법을 만들고 시민들의 권리에 대한 부분들을 다 빼 버린 것이지요.

1850년에 만들어진 프로이센 헌법에는 주권이 왕에게 있다고 적혀 있었어요. '3권 분립'에 관한 내용도 있긴 했지만 '행정권은 왕에게 있고, 입법권은 왕과 의회가 함께 행사하고, 사법권은 왕의 이름으로 법원이 행사한다'고 해 놓았을 뿐이지요. 게다가 애매한 상황이 벌어지면 왕에게 '독립명령권'이 주어진다고 했기 때문에 결국에는 왕이 모든 것을 마음대로 할 수 있었죠. 마치 민주적인 헌법인 것처럼 눈속임해서 말이에요.

그 헌법을 만든 뒤 독일을 통일한 프로이센은 곧 나라의 이름을 '독일제국'으로 바꾸었고, 헌법의 이름도 '독일헌법'으로 바꾸었어요. 하지만 내용은 거의 변하지 않았지요. 민주주의 국가는 모든 국민의 뜻과 지혜를 모아서 이끌어 가지만 왕이 다스리는 나라는 대체로 왕의 생각대로 국가가 움직이게 돼요. 그 한 사람인 왕이 잘못된 생각을 하게 되면, 죄 없는 모든 국민들이 큰 고통을 겪어야 하지요. 독일이 결국 1차 세계대전을 일으켰다가 패전하면서 수많은 독일인들의 생명과 안전과 행복을 망가뜨린 것도 우연은 아니었어요.

일본도 독일과 비슷한 경우였어요. 일본이 우리나라와 중국보다 일찍 서양의 문물을 받아들인 덕분에 근대화에 성공하고 유럽 여러 나라 못지않은 국력을 가질 수 있었어요. 청나라나 러시아 같은 큰 나라와 전쟁을 벌여 승리한 적도 있을 정도였지요. 하지만 시민혁명 없이 민주주의를

받아들인 것이 일본의 큰 문제였어요.

　1889년, 일본은 '메이지헌법'을 발표했어요. 그 헌법을 만든 사람이 바로 천황의 충신이었던 이토 히로부미＊였는데, 우리나라를 식민지로 만드는 일에 앞장서다가 하얼빈 역에서 안중근 의사가 쏜 총을 맞고 죽은 바로 그 사람이지요.

　그 메이지헌법의 제1조는 이렇게 되어 있어요.

> ＊이토 히로부미(1841~1909) 근대 일본의 정치가로 우리나라의 국권을 빼앗는 데 앞장선 인물이다. 을사조약을 주도했으며 하얼빈 역에서 안중근에게 피살되었다.

'대일본제국은 만세일계의 천황이 통치한다.'

　일본의 헌법 역시 주권이 국민이 아닌 왕(천황)에게 있다고 선언하며 시작했던 거예요. 이토 히로부미가 메이지헌법을 만들 때 보고 따라했던 헌법이 바로 독일의 헌법이었으니, 어쩌면 당연한 일이었어요. 특히 '만세일계'라는 말은 일본의 천황 일가가 신으로 시작해서 수천 년 동안 단 한 번도 끊어지지 않고 이어진 신비한 가문이라는 뜻이에요.

　시민혁명 이전에 유럽의 왕들이 왕의 권력은 신으로부터 받은 것이라는 '왕권신수설'을 주장하곤 했는데, 그보다도 훨씬 황당하고 우스운 얘기를 헌법 1조에 써 넣은 것이지요.

그런 헌법에 권력의 분립이나 시민들의 인권, 혹은 부당한 정부에 대한 시민들의 저항권 같은 내용들이 들어 있을 리가 없겠지요? 헌법을 만들면서 일본에서도 의회와 재판소를 만들어 민주주의 국가 흉내를 냈지만, 의회와 재판소 모두 왕의 뜻에 따라 역할을 한다고 정해 두었어요. 또 국민들에게 주어지는 권리도 있긴 하지만, 왕이 필요하다고 생각하면 언제든지 제한하거나 빼앗을 수 있다고 하기도 했고요.

독일처럼, 일본 역시 가짜 헌법을 만들어 국민들을 속인 뒤로 불행한 역사가 이어졌어요. 우리나라와 중국을 비롯한 이웃나라를 침략해서 많은 사람들을 괴롭혔을 뿐만 아니라, 결국에는 미국을 상대로 무모한 전쟁을 벌인 끝에 핵 폭격을 맞고 수많은 국민들을 죽음으로 몰아넣었기 때문이지요.

만약 일본이 국민들 다수의 뜻에 따라, 다양한 견해를 가진 정치인들의 토론을 통해 정책을 결정하는 나라였다면 그렇게 무모하고 끔찍한 일들을 벌일 수 없었을 텐데 말이에요.

좋은 헌법을 만들고 훌륭한 민주주의를 세워 나가는 것은 정말 중요한 일이에요. 그 나라 국민들의 생명과 안전과

행복을 지키기 위해서도 그렇지만, 이웃나라 사람들과 세계 평화를 위해서도 그래요. 바로 독일이나 일본의 역사가 우리에게 가르쳐 주는 교훈이 바로 그것이지요.

우리나라의 헌법은 어떻게 만들어졌을까?

그렇다면 우리나라의 헌법은 언제 만들어졌을까요? 제헌절이 언제인지는 잘 알죠? 제헌절이 바로 우리나라의 헌법이 처음 만들어진 날을 기념하는 날이에요.

우리나라의 헌법이 처음 만들어진 것은 1948년 7월 17일이에요. 그 전에 상해의 대한민국임시정부*가 헌법을 만든 적이 있었지만 임시정부의 헌법은 실제로 모든 국민들의 뜻을 모아서 제정한 것은 아니었으니까 공식적인 헌법으로 보기는 어렵지요. 하지만 임시정부의 헌법에 새 나라를 예전의 조선 같은 왕정이나, 독일 또는 일본 같은 가짜 민주주의 국가가 아니라 모든 국민이 주인이 되는 민주주의 국가로 만들려는 내용이 들어 있어서 그 내용이 대부분 우리나라의 정식 헌법으

★ 대한민국임시정부 3·1운동 직후 일본의 통치에 보다 조직적이고 적극적으로 대항하기 위해 상해에 세운 임시정부이다.

로 이어졌어요.

일본에게 나라를 되찾은 뒤 만든 우리나라의 제헌헌법은 전문에 '3·1운동의 독립운동정신을 계승한다'고 적혀 있어요. 대한민국이 일본에 맞서 싸운 결과로 세워진 나라라는 점을 나라 안팎에 정확히 알릴 필요가 있었기 때문이지요.

우리나라 제헌헌법의 제1조는 '대한민국은 민주공화국이다'예요. 또한 국민들의 직접선거를 통해 국회의원을 선출하고, 국회의원들의 투표를 통해 대통령을 선출한다고 정하고 있어요.

국민들의 선거와 투표를 통해 모든 권력이 만들어지는 민주공화국을 세운 것은 우리 민족의 역사에서 최초의 일이에요. 드디어 우리나라에 민주주의를 만드는 첫걸음이 시작된 것이지요.

당시 헌법을 만드는 일에 참여했던 법학자들은 대부분 일본이나 독일에서 공부한 사람들이었어요. 그래서 독일이나 일본 헌법과 비슷한 내용이 들어가는 문제가 생기긴 했어요.

예를 들면 프랑스나 미국의 헌법에 비해서 시민들의 기본권에 대한 설명도 부족했고, 정부가 잘못을 하면 국민들이 저항을 할 수 있다는 내용도 들어 있지 않았지요. 또 대통령이 이끄는 행정부와 입법부, 사법부의 권력을 잘 나누어 놓긴 했지만 대통령에게 계엄권*이나 긴급명령권* 같은 너무 큰 권력을 쥐어 주고 그것을 제한하거나 견제할 수단을 만들지 않은 것도 문제였지요. 대법관들을 모두 대통령이 임명하도록 한 것도 권력의 분립이라는 이념에 맞지 않는 부분이었어요.

그런 문제점들은 대부분 그 뒤에 고쳐졌어요. 헌법은 쉽게 고칠 수 있는 것이 아니지만, 우리나라의 헌법은 그 뒤로 지금까지 모두 아홉 번이나 수정되었거든요.

하지만 헌법의 잘못된 내용을 바로잡기 위해 헌법을 아홉 번이나 고친 것은 아니었어요. 이승만 대통령은 자신의 권력을 더 이어가기 위해 두 번이나 헌법을 고쳤고, 박정희 대통령은 자신의 권력을 유지하기 위해 총칼을 앞세워 세 번이나 강제로 헌법을 고쳤거든요.

이승만 대통령은 자신이 임기를 모두 마치고 대통령 직에서 물러날 때가 되니까 대통령을 세 번까지 할 수 있도록

* **계엄권** 국가에 비상사태가 발생하면 그 지역의 행정권이나 사법권을 군대로 넘기고 헌법에 보장된 국민의 기본권을 제한할 수 있는 법제도이다.

* **긴급명령권** 국가의 중대한 위기가 있거나 그런 상황이 예상될 때 국가원수 등이 법에 정해진 권한을 넘어서 긴급한 조치를 취할 수 있는 제도이다. 국민의 기본권을 제한하거나 국회의 동의 없이 법을 만들 수 있다.

고쳤다가, 심지어 '초대 대통령만은 평생 동안 대통령을 할 수도 있다'는 내용까지 헌법에 집어 넣어 평생 대통령 자리에서 물러나지 않으려 했어요.

4.19혁명*을 통해 이승만 대통령을 쫓아내고 다시 제대로 된 헌법을 만들자, 이번에는 박정희가 쿠데타를 일으켜 대통령이 되어 자신이 마음껏 대통령 직을 이어갈 수 있도록 헌법을 고쳤어요. 대통령을 여러 번 할 수 있도록

> **★4.19혁명(1960)** 부정선거로 이승만이 대통령직을 이어가자 이에 분노한 학생들이 중심 세력이 되어 일으킨 민주주의 혁명이다. 이 결과 이승만은 대통령 자리에서 물러나게 되었다.

그리고 대통령을 비판하거나 대통령에게 저항하는 사람들은 함부로 잡아다가 가두거나 처벌할 수 있도록 헌법을 수정한 것이지요.

그렇게 독재자들이 헌법을 망가뜨릴 때마다, 온 국민이 나서서 다시 제대로 되돌려 놓곤 했어요. 이승만 대통령을 몰아낸 4.19혁명 뒤에는 의원내각제*로 헌법을 고쳐서 독재자가 나타나기 어렵게 하기도 했지요.

> **★의원내각제** 국회의 다수당이 정권을 잡는 정치 형태를 말한다. 영국이 대표적인 의원내각제 국가로, 최고 권력인 총리는 다수당의 대표가 맡는다.

하지만 박정희의 쿠데타 이후 헌법이 다시 엉망이 되고 심지어는 대통령을 뽑는 선거에 국민들이 참여할 수 없게 만든 헌법에 의

해 또 다른 군인인 전두환이 총칼의 힘으로 대통령이 되는 등 우리나라 국민들은 끊임없이 고통받아 왔어요. 이때도 결국 시민들이 거리로 뛰쳐나와 헌법을 고치고 민주주의를 회복시켰지요.

이렇게 만든 것이 지금 우리나라의 헌법이에요. 대통령 선출 권한을 다시 국민들에게 돌려주고, 대통령을 감시하고 견제할 수 있도록 국회의 권한을 키워 줬을 뿐만 아니라, 대통령은 5년 임기로 딱 한 번밖에 할 수 없게 만들어서 다시는 독재자가 나타나지 않도록 헌법을 수정했지요. 또 국민들의 기본권도 널리 인정하고, 그것을 지키도록 헌법재판소를 설치해서 모든 법률과 행정이 헌법에 맞는지를 심판하도록 한 것도 1987년에 마지막으로 고친 헌법의 내용이었어요.

지금 우리나라 헌법의 제1조에는 이렇게 적혀 있어요.

"대한민국은 민주공화국이다. 대한민국의 주권은 국민에게 있고, 모든 권력은 국민으로부터 나온다."

미국과 프랑스의 헌법에는 시민혁명의 역사가 배어 있어요. 하지만 우리나라의 헌법에는 독립운동과 민주화운동의 역사가 들어 있지요. 그래서 헌법을 만든 시기도 늦고, 처

음에 만들었던 헌법의 내용도 훨씬 부족했어요. 하지만 여러 차례 나타난 독재자들에게 한 번도 굴하지 않고 저항해서 더 완성된 헌법을 만들어 왔다는 건 자랑스러운 일이지요.

우리나라의 헌법이 처음 만들어진 것은 1948년 7월 17일이었어요. 하지만 지금의 헌법은 그때와 많이 달라졌어요. 지금까지 모두 아홉 차례에 걸쳐 바뀌었기 때문이에요.

헌법을 고치는 걸 '개헌'이라고 해요. 그 아홉 번의 개헌 중에는 더 나은 헌법을 만들기 위한 것도 있었지만, 독재자의 입맛에 맞게 마구 망가진 것도 있었어요.

그동안 어떻게 우리 헌법이 바뀌어 왔는지, 간단히 알아보도록 할게요.

● **1차 개헌** : 전쟁 중이던 1951년 11월, 원래는 국회의원들의 투표로 뽑던 대통령을 국민들의 직접선거로 뽑도록 헌법을 수정했어요. 부통령제를 만들고 국회를 민의원과 참의원의 양원제로 바꾸는 내용도 들어 있었고요. 대통령을 직접선거로 뽑는 건 좋은 일처럼 보이지만, 사실은 그때 국회의원들과 사이가 나빠진 이승만 대통령이 다시 대통령이 되기 위해 필요한 일이었어요. 국회의원들 중에는 이런 개헌에 반대하는 사람들이 많았기 때문에 경찰들이 국회를 포위하고 감시하는 가운데, 찬성하는 사람들이 자리에서 일어서는 공개투표로 진행되었지요.

● **2차 개헌** : 2차 개헌도 부끄러운 역사였어요. 1954년 5월에 '초대 대통령에 한해서는 연임 제한을 없앤다'는 내용을 넣기 위한 것이었으니까요. 원래 대통령은 두 번 이상은 할 수 없는데, 이승만 대통령이 이미 두 번이나 대통령을 지냈기 때문에 앞으로도 계속 대통령 직을 이어가기 위해 만든 엉터리 헌법이었지요. 더구나 그 개헌안이 국회에서 한 표가 부족해 부결되었는데, 다음날 갑자기 '사사오입'(반올림)을 해서 가결되었다고 선언하는 억지를 부렸어요. 우리나라와 우리나라의 헌법이 전 세계의 웃음거리가 된 날이었지요.

● **3·4차 개헌** : 3차 개헌은 망가져 가는 헌법을 도저히 더는 지켜볼 수 없게 된 국민들이 직접 나서서 제자리로 돌려놓은, 자랑스러운 개헌이에요. 헌법을 엉망으로 만들어 가면서까지 무려 네 번씩이나 대통령에 출마한 이승만은 혹시 떨어질까 봐 자신을 찍은 투표용지를 미리 투표함에 넣어 두고 깡패들을 동원해서 자신을 반대하는 사람들을 두들겨 패는 식의 부정선거를 감행했지요. 더 이상은 참을 수 없게 된 국민들이 거리로 나섰고, 수백 명이 경찰의 총에 맞아 피를 흘리면서도 물러서지 않았어요. 결국 이승만 대통령이 미국으로 도망을 치면서 독재정권은 끝이 났고, 새로 구성된 국회가 헌법을 다시 고쳤어요. 새 헌법은 기본권을 제한할 수 있는 조항들을 없애고, 대통령이 독재를 할 수 없

도록 국회와 총리의 힘을 키웠고, 선거관리위원회와 경찰이 중립을 지키도록 했어요. 하지만 너무 급하게 헌법을 고치느라 몇 가지를 빠트렸기 때문에 몇 개월 뒤 한 번 더 개헌을 해야 했어요.

● **5차 개헌** : 4.19혁명이 일어난 지 1년밖에 안 된 1961년 5월 16일, 박정희 장군이 이끄는 군인들이 총리와 대통령, 군 지휘관들을 잡아가두는 쿠데타를 일으켰어요. 그리고 박정희 장군은 직접 대통령이 되기 위해 헌법을 고쳤어요. 총리에게 주어졌던 권한들을 다시 대부분 대통령에게 옮겨 주고 국회도 양원이 아닌 단원제로 바꾸는 내용이었어요. 스스로 권력을 잡고 마음대로 정치를 하기 위한 준비였지요.

● **6차 개헌** : 총칼의 힘으로 권력을 쥔 박정희 역시 독재자의 길을 걷기 시작했어요. 스스로 만든 헌법에 따라 대통령에 당선되어 두 번이나 임기를 채웠으면서도 1969년 10월에는 대통령의 연임 제한을 세 번으로 늘리는 내용으로 헌법을 다시 바꾼 것이지요.

● **7차 개헌** : 죽을 때까지 대통령 자리에 머물려고 했던 이승만처럼, 박정희의 욕심도 끝이 없었어요. 억지로 헌법을 바꾸어 3번째 대통령 임기를 채우고도 만족하지 못한 박정희는 1972년 10월에 국가긴급 권을 발동하여 국회를 해산해 버린 다음 모든 정치활동을 금지시키고 전국에 비상계엄령을 선포했어요. 마치 전쟁 때처럼 모든 국민들이 아무것도 하지 못하게끔 만들어 버린 것이지요. 그런 상태에서 새 헌법을 만들었는데, 그 속에는 국민들의 기본권을 제한할 수 있는 유보조항들이 많이 있었어요. 대통령은 대통령 자신이 만든 선거인단에 의해 간접선거로 뽑게 했고, 대통령이 많은 수의 국회의원들과 대법관까지도 직접 임명하게 하고 있었어요. 그렇게 7차 개정을 통해 만든 헌법을 '유신헌법'이라고 하는데, 우리나라의 역사는 물론이고 세계 역사를 통틀어서도 최악의 헌법으로 꼽혀요.

● **8차 개헌** : 이승만처럼, 박정희도 결국은 불행한 결말을 맞을 수밖에 없었어요. 전국 곳곳에서 시위가 일어났고, 1979년 10월 26일 부하였던 김재규가 쏜 총에 맞아 죽고 만 것이지요. 하지만 이번에는 독재

자가 죽은 뒤에도 민주주의가 회복되지 못했어요. 또다시 전두환이라는 군인이 쿠데타를 일으켰기 때문이에요. 전두환은 그에게 반대해서 시위를 벌인 광주시민들을 수백 명이나 죽여 버렸어요. 전두환은 박정희가 만든 유신헌법에 따라 대통령으로 선출되었는데, 그때 득표율이 99.9%였을 정도로 엉터리 선거였지요. 그렇게 대통령이 된 전두환은 얼마 뒤인 1980년 10월에 유신헌법의 나쁜 조항들을 조금 줄인 새 헌법을 내놓았어요. 자신이 비록 쿠데타로 집권하긴 했지만 전임자인 박정희보다는 조금 나은 사람이라는 걸 선전하기 위한 개헌이었지요.

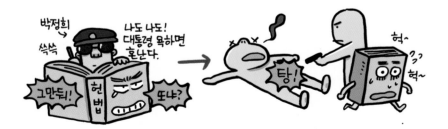

● **9차 개헌** : 박정희와 전두환, 두 명의 군인 출신 대통령이 우리나라를 통치한 기간을 다 합치면 27년이나 돼요. 그동안 정말 많은 사람들이 대통령에게 저항하다가 목숨을 잃는 등 엄청난 고통을 겪었지요. 그래서 전두환 대통령의 임기가 끝나는 1987년부터는 민주주의가 회복되기를 간절히 기다리는 사람들이 많았어요. 그런데 전두환이 또다시 자신의 후계자를 정하고, 자신처럼 엉터리 간접선거를 통해 대통령에 당선시키려고 하자 국민들은 도저히 참을 수 없었어요. 1987년 6월, 온 나라 안의 국민들이 들고 일어났어요. 이것을 6월 항쟁이라고 해요. 결국 정권도 시민들에게 항복할 수밖에 없었어요.

대통령을 직선제로 바꾸어 국민들이 직접 뽑고, 임기도 딱 한 번, 5년만 할 수 있도록 바꿨어요. 여러 면에서 국민들의 기본권을 지킬 수 있도록 하는 또 한 번의 개헌을 하게 됐던 것이지요. 지금 우리의 헌법이 바로 그 9차 개헌의 결과예요.

　　물론 아홉 번의 개헌 중 대부분이 부끄러운 역사였지만, 마지막의 개헌만큼은 자랑스럽게 생각해도 돼요. 국민의 힘으로, 다시 헌법을 제자리에 돌려놓았으니까 말이에요.

5장

사람답게 산다는 건
어떤 의미일까요?

내 권리가 침해될 때는 어떻게 해야 할까?

우리는 옛날부터 겸손한 태도를 가지라고 배우며 자라 왔어요. 어른들은 자기 자랑을 늘어놓거나, 반대로 남들을 가볍게 보는 것은 경박하고 못된 태도라고 가르쳤지요. 겸손한 태도를 가져야만 누구에게든 배우려는 자세가 되고, 그래야만 더 많은 것을 배우며 성장할 수 있기 때문이지요. 그리고 겸손한 태도를 가지는 것이 다른 사람들과 어울리고 함께 살아가는 데도 많은 도움을 주기도 해요.

하지만 그렇다고 해서 자신의 정당한 권리가 침범당할 때도 그저 참고 양보해서는 안 돼요. 스스로 지키지 않는 권리는 누구도 대신 지켜 주지 않기 때문이지요. 남들에게는 양보의 미덕을 강조하면서 자신들은 그 틈에 이익을 챙기는 사람들이 세상에 많이 있어요.

요즘 인터넷에서 유행하는 말 중에 '열정페이'라는 것이 있어요. '페이'라는 것은 일을 하고 받는 돈, 그러니까 봉급이나 수고비 같은 것을 말해요. 그럼 '열정페이'란 '열정적으로 일한 것에 대한 대가'를 말하는 걸까요? 그렇다면 아마도 꽤 많은 돈을 뜻하는 것일 수도 있지 않을까요? 보통으로, 혹은 대충 일한 것도 아니고 열정적으로 일한 것에 대한 보수니까 말이지요.

하지만 안타깝게도 '열정페이'란 반대로 아주 적은 돈을 뜻해요. 일을 시키면서도 젊은이들의 열정을 빌미로 제대로 된 임금을 주지 않는 못된 사장들을 비꼬는 말이거든요.

디자이너를 모십니다. 당신의 열정과 재능을 마음껏 펼쳐 보일 기회를 드립니다. 3개월간 인턴으로서 근무하게 되며, 평가를 통해 추후 계약직 선발 기회를 드립니다. 인턴 기간 동안 급여는 없지만 교통비와 식대를 지원합니다.

실제로 어느 회사가 내걸었던 채용 광고 문구예요. 디자이너를 뽑아 일을 시키는데 3개월 동안 교통비와 밥값만 주겠다는 얘기지요. 3개월 뒤에 채용을 할 수도 있지만, 아닐 수도 있고, 채용이 된다고 해도 정식 직원이 아닌 계약직이에요.

계약직이라는 건 다른 말로 '임시직'이나 '비정규직'이라고
도 하는데, 회사에서 일을 시키고 돈을 주기는 하지만 다
른 신분 보장은 전혀 해 주지 않는 걸 말해요. 필요하면 아무
때나 내보낼 수도 있고, 퇴직금도 없고, 건강보험도 없어요.

3개월이나 월급도 받지 않고 일을 해도 그 결과는 계약직
도 보장되지 않아요. 너무 이기적이고 못된 얘기 아닌가요?

왜 이런 일이 벌어질까요? 여러분이 어느 회사의 채용시
험에 응시해서 면접시험을 보게 됐다고 생각해 보세요. 면
접관이 '우리 회사에 들어오고 싶은 이유가 뭡니까?'라고
물었을 때, '월급을 받으려고요'라고 답하는 사람은 거의 없
을 거예요. '이곳이 제가 하고 싶은 일을 할 수 있고, 제 능
력과 열정을 마음껏 펼쳐볼 수 있는 곳이라 생각하기 때문
입니다'라고 말하는 이들이 훨씬 많겠지요. 심지어 '임금이
많고 적음은 중요하지 않습니다. 저를 채용해 주신다면 이
회사를 위해 최선을 다하겠습니다'라는 식으로 말을 하는
지원자들도 많아요.

그런 사람을 뽑은 다음 회사에서 월급도 아주 적게 주면
서 일만 엄청나게 많이 시킨다면 어떨까요? 그러다가 '월급
좀 올려주십시오. 그리고 퇴근 시간을 조금만 앞당겨 주세
요'라고 건의했는데 사장님이 '어허… 젊은 사람이 이렇게

돈을 밝히고 게으름을 피워서야 되나? 젊어서 고생은 사서 한다고 했는데, 정말 철이 없는 친구로군. 처음 우리 회사에 들어올 때 자네도 돈보다는 열정을 펼쳐볼 기회가 중요하다고 하지 않았었나?'라고 대꾸한다면 어떨까요? 그럴 때 겸손의 미덕을 발휘해서, 묵묵히 참고 견뎌 내는 것이 최선일까요?

실제로 우리나라의 많은 회사들에서 노동자들이 노동조합을 만들고 활동하는 것이 쉽지 않았던 데는 이런 이유가 있었어요. 사장님이나 부장님, 과장님 같은 분들은 직장 상사이기만 한 것이 아니라 어른이기도 하기 때문에, 그 앞에서 함부로 자기주장을 하거나 뭔가를 따지는 것이 굉장히 버릇없고 잘못된 일이라고 생각하는 습관이 있었던 것이지요. 그래서 월급은 주는 대로 받고, 일은 시키는 대로 하고, 뭔가 억울한 일을 당하더라도 꾹 참고 견디는 수밖에 없다고 생각하는 사람들이 많았던 거예요. 심지어 직장 상사나 학교 교수님 같은 '어른들'에게 성추행을 당하거나 가혹행위를 당하고도 고발은커녕 주변에도 알리지 못했던 것도 비슷한 이유 때문이지요.

여러분도 아마 학교에서 성폭력 예방 교육을 받아본 적이 있을 거예요. 주변의 어른이나 선배들이 함부로 몸을 만

지거나 나쁜 요구를 하면 '싫어요'라고 정확하게 말하라는 내용이 있었을 거예요. 그런데도 멈추지 않는다면 선생님이나 부모님 같은 어른들에게 알리라고도 배웠을 테지요.

다른 모든 일에서도 마찬가지예요. 자신의 권리가 침해될 때 '싫다'는 뜻을 분명하게 전하는 게 가장 중요해요. 그래도 멈추지 않는다면, 그것을 멈춰 줄 수 있는 이들에게 알려야 하고요. 그것이 경찰이 될 수도 있고, 노동부 같은 공공기관이 될 수도 있겠지요.

성폭력을 하는 사람이나 월급을 제대로 주지 않고 일을 시키는 사람들 모두 처벌할 수 있는 법과 제도는 이미 있어요. 그 앞에 자신의 권리를 당당하게 주장하는 것은 '건방진' 일도 아니고 '버릇없는' 일도 아니에요. 또 '치사한' 일도 아니지요.

예의를 지키는 것도 중요하고, 겸손한 자세로 배우는 것도 중요해요. 하지만 함부로 남의 권리를 짓밟고 그걸 이용해서 자신의 이익을 챙기는 이들이라면 얘기가 좀 달라요. 그런 사람들에게까지 예의를 지키고, 배우려고 할 필요는 없어요.

남의 권리를 지켜 주는 일이 왜 중요할까?

앞에서 스스로 지키지 않는 권리는 아무도 대신 지켜 주지 않는다고 했어요. 하지만 그것이 '나와 상관없는 남의 권리는 지켜 줄 필요가 없다'는 뜻은 아니에요. '남에게 신세를 지지 말라'는 말이 '남을 돕지 말라'는 말과는 다른 뜻인 것과 마찬가지지요.

더구나 우리 사회에는 자신의 권리를 충분히 주장하지 못하는 사람들도 많이 있어요. 장애인들은 그 대표적인 예지요.

앞에서 휠체어를 타는 장애인들이, 자신들도 자유롭게 시내를 돌아다닐 수 있는 환경을 만들어 달라고 지하철 철길에 쇠사슬로 몸을 묶고 시위를 벌였다는 얘기를 한 적이 있지요? 그런데 휠체어를 타는 장애인들이 스스로 선로 위로 내려가서 자신의 몸을 쇠사슬로 묶을 수가 있었을까요? 다치지 않고 혼자서 휠체어를 끌고 플랫폼에서 선로 위로 내려갈 수 있는 방법은 없어요. 누군가 도움을 주었을 테지요. 자신들은 장애가 없지만, 장애인들의 권리를 지키기 위해 힘을 보태는 비장애인들이 있어요. 그들의 도움으로 장애인들이 자신들의 목소리를 낼 수 있었어요.

또 이런 경우도 있어요. 여러분은 옛날 일본이 우리나라의 여성들에게 했던 못된 일들에 대해 잘 알고 있지요? 스무 살도 되지 않은 어린 소녀들을 일본군들이 강제로 끌고 가서 성노예로 만들었던 일 말이에요. 그 일의 피해자인 소녀들이 이제는 아주 나이가 많은 할머니들이 되었거나, 더 많은 분들은 이미 돌아가시고 안 계시지요. 그런데 일본에 나라를 빼앗겼던 시대에는 미처 태어나지도 않았고, 그래서 종군위안부 피해와는 아무 상관도 없는 많은 사람들은 그 할머니들의 고통을 돌아보지 않아도 괜찮은 걸까요? 일본 정부가 잘못을 인정하고 사과하라는 요구를, 그 할머니들만이 외롭게 해야 하는 걸까요?

자신의 권리를 더 열심히 주장하고 지켜야 하는 사람들은 대개 약한 사람들이에요. 수가 적고, 돈도 없고, 정치적인 힘도 없는 이들이지요. 수가 많거나 돈이 많거나 정치적으로 힘이 센 사람들이라면 더 쉬운 방법으로 권리를 지키고 있을 테니까요. 부자들, 국회의원이나 장관들 같은 사람들이 억울한 일을 당하는 경우는 많지 않을 테지요.

하지만 장애인, 일본 위안부 피해 할머니들, 그리고 작은 회사의 노동자들, 가난해서 철거현장에서 쫓겨나는 사람들, 노점상들, 노인들, 다문화가정의 아이들 같은 약하

고 힘없는 이들의 권리를 찾는 일은 무척 어려워서 더 중요해요. 그들이 혼자 힘으로 세상을 향해서 자신의 목소리를 내기는 무척 어렵고 힘들 거예요.

각자 자신의 권리를 지키기 위해 스스로 노력하는 것이 가장 중요해요. 하지만 남의 권리라고 해서 외면하고 모른 체 해서도 안 돼요. 우리가 언제 사고를 당하거나 병에 걸려 장애인이 될지 모르는 것처럼, 누구나 약자가 될 수 있고 억울한 일을 당할 수도 있어요. 오늘 내가 도와준 사람에게 내일 도움을 받을 수도 있고, 오늘 내가 외면한 사람에게 내일 외면당할 수도 있지요.

공중화장실에 가 보면 그 나라의 문화수준이 어느 정도인지를 알 수 있다는 얘기가 있어요. 대부분의 나라에서 문화적인 힘을 가장 잘 발휘하는 곳은 박물관이나 극장, 백화점이나 관광지 같은 곳일 거예요. 반대로 어느 나라나 공중화장실은 가장 덜 신경을 쓰는 곳이고, 그래서 가장 지저분한 곳이지요. 그러니까 일부러 꾸민 모습이 아니라 있는 그대로의 문화적인 수준을 알아보려면 공중화장실을 봐야 한다는 뜻이에요.

마찬가지로 그 사회에서 가장 힘없는 사람들이 어느 정도의 인권을 누리는지를 보면, 그 사회의 인권 수준을 알 수 있어요. 만약 가장 약한 사람들도 충분한 자기 권리를 누린다면, 다른 모든 사람들도 그 이상의 인권을 지키는 사회라고 할 수 있지요. 약한 사람들이 충분한 권리를 보장받지 못하는 사회에서는 다른 어떤 사람들의 인권도 안전하게 보호받지 못할 수 있어요. 인권이 충분히 보장받지 못하는 사회에서는 가장 약한 사람들에게 비인간적인 삶이 강요될 수밖에 없는데, 언제 누가 그런 비인간적인 삶을 강요받게 될지는 아무도 알 수 없기 때문이에요.

인권이란, 내가 당하기 싫은 일은 남에게도 하지 않는 것

게임을 잘 하는 비결이 혹시 있을까요? 휴대전화나 컴퓨터로 즐기는 게임도 있고, 친구들과 직접 만나서 함께 즐기는 게임도 있잖아요. 넓게 보면 탁구나 배드민턴, 농구나 축구 같은 운동도 게임이라고 할 수 있지요. 어떤 것이든, 게임을 하면 누구나 이기고 싶을 거예요. 그렇다면 그런 게임에서 이기려면 어떻게 해야 할까요?

물론 게임마다 필요한 능력이 다르지요. 어떤 게임은 빨리 달려야 하고, 어떤 게임은 머리를 잘 써야 해요. 또 어떤 게임은 손가락을 빨리 움직여야 하고, 어떤 게임은 리듬을 잘 타야 해요. 그래서 한두 가지의 게임을 잘 하는 사람은 있어도 모든 게임을 다 잘 하는 사람은 드물어요. 그래도 어떤 게임이든 잘 하려면 공통적으로 꼭 해야만 하는 한 가지가 있어요. 바로 그 게임의 규칙을 잘 알아야 한다는 것이에요.

아무리 빨리 달릴 수 있다고 해도, 자신이 해야 하는 게임이 100미터 달리기가 아닌 마라톤이라는 걸 모르고 출발신호가 울리자마자 있는 힘껏 달린다면 아마 끝까지 달릴 수도 없을 거예요. 또 농구 실력이 굉장히 뛰어나서 덩크슛을 할 수 있다고 해도 자기 팀 골대에 덩크슛을 꽂아버리는 선수라면 없는 편이 낫겠지요. 공을 든 채 대여섯 걸음씩 쿵쿵쿵 뛰어다니는 선수라면 아무리 키가 크고 슛이 정확해도 아무 쓸 데가 없을 테고요. 컴퓨터 게임 '스타크래프트'를 할 때 미네랄과 가스 같은 자원을 열심히 모아야 한다는 걸 모르고 무작정 싸움만 하려고 하다가는 금방 'GG를 치는(항복을 하는)' 처지를 면할 수가 없어요.

사람이 사회 속에서 살아가는 일에서도 규칙은 아주 중요해요. 아파트에서 사는 사람이 새벽에 우당탕탕 세탁기를 돌린다거나 쿵쾅쿵쾅 피아노 연습을 한다면, 아래층과 옆집 사람들에게 욕을 먹을 수밖에 없어요. 또 고등학교 3학년 수험생인 형이나 언니가 열심히 시험공부를 하고 있는 동안에 거실에서 크게 TV로 가요 프로그램을 틀어놓고 시끄럽게 굴면 엄마에게 등짝을 두들겨 맞기 십상이지요. 또 빵집에 진열된 빵들이 아무리 탐스러워도 함부로 손으로 주물럭대다가는 주인에게 쫓겨나는 게 당연한 일이고, 마트에서 하는 시식행사에서도 혼자서만 너무 많은 음식을 먹어 버리면 직원들의 항의를 받게 될 수 있어요.

이렇듯 우리는 크고 작은 규칙들을 알고 지켜 나가야만 원활한 사회생활을 할 수가 있어요. 그런 것을 어기는 사람이라면 '몰상식한 사람'으로 낙인찍히고 비난을 받거나 따돌림을 당하게 될 거예요.

그런데 우리 사회에는 그런 것들보다도 좀 더 엄격한 규칙들이 있어요. 어기면 단순히 욕을 먹거나 따돌려지는 것을 넘어서 감옥에 갇히거나 벌금을 내거나, 배상을 해야 하는 일들에 관한 것이지요. 그런 규칙들을 법이라고 하는데, 정말 모르고 아무렇게나 행동하다가 그런 처벌을 받게 되지 않으려면 법에 대해서도 알아야만 해요.

물론 그런 법들은 굉장히 복잡하고, 그래서 자세한 부분까지 모두 알고 이해하기는 어려워요. 그래서 아주 애매하고 복잡한 부분에서 말썽이 생기거나 문제를 겪게 될 때는 변호사나 법무사 같은 전문가들의 도움이 필요하지요.

하지만 그렇더라도 누구나 기본적으로 보장받게 되는 기본권에 대해서만큼은 잘 알아둘 필요가 있어요. 그래서 각자 누구에게도 침해받지 말아야 할 자신의 권리가 무엇이고, 남들의 권리를 침해하지 않기 위해서 하지 말아야 할 일은 무엇인지 알아야 하지요. 그러려면 인권과 헌법, 두 가지에 대해서는 알아두어야 하고, 그래서 우리나라의 모든 국민들이 뜻을 모아서 만든 〈대한민국 헌법〉과 세계인들의 뜻을 대신해서 만든 국제연합의 〈세계인권선언문〉 정도는 누구나 한 번쯤 읽어 봐야 해요.

하지만 그것을 읽기 전이라도 이것 한 가지는 기억해 두면 좋겠어요. 인권과 헌법의 기본정신은 '존중'이라는 것을요. 생김과 생각과 능력과 경험은 다 다르지만, 인간은 누구나 똑같은 가치를 가지고 있다는 점을 인정해야 한다는 것 말이에요.

사람들은 누구나 자신을 중심으로 세상을 보게 되어 있어요. 자신의 생각과 행동은 너무나 당연하게 느껴지지만, 똑같은 생각과 행동이라도 다른 사람이 하면 이상하게 느

껴지는 것이 너무나 자연스러운 일이에요. 긴 줄을 서 있을 때 내가 남들 앞으로 새치기를 하는 건 그냥 있을 수도 있는 일이지만, 남이 내 앞으로 새치기를 하는 건 도저히 용서할 수 없는 못된 일이라고 생각될 수밖에 없는 것이지요.

그래서 다른 사람을 존중하고 인정하려면 늘 '역지사지', 즉 서로 입장을 바꿔서 생각해 보는 자세가 필요해요. 그래서 앞에서도 했던 이야기를 한 번 더 떠올리면서 이 책을 마무리하려고 해요.

역지사지!
잘 기억해두라고
인권의 시작점.

易地思之

인권이란 '내가 당하기 싫은 일은 남에게도 하지 않는다'는 생각으로부터 시작됐어요. 그리고 저마다 그런 생각을 가지고 다른 사람들을 대한다면, 경쟁하고 다투고 빼앗기보다는 서로 어울려서 돕고 나누는 사회를 만들 수도 있어요. 바로 우리 모두가 꿈꾸는 따뜻한 세상이라는 건, 바로 그렇게 조금씩 만들어갈 수 있을 거예요.

세계인권선언

이제 인권이라는 말의 뜻에 대해서는 많은 사람들이 알게 됐어요. 하지만 구체적으로 인권이 침해받는다는 것이 어떤 것인지, 혹은 어떤 상황에서 자신의 인권이 침해된 것인지 정확히 아는 사람들은 드물어요.

물론 나라마다 각자의 헌법과 법률을 통해 인권을 지키고 있어요. 하지만 국경을 넘는다고 해서 다른 인간이 되는 것은 아니니까, 모든 나라에서 함께 지켜야 할 기준을 마련하는 것이 필요해요.

특히 제2차 세계대전 때 인류는 정말 끔찍한 일들을 많이 저질렀어요. 독일군이 600만 명이나 되는 유대인과 집시, 공산주의자, 장애인들을 불에 태워 죽이기도 했고, 일본군이 중국의 남경에서 노인, 어린이, 산모 등 죄 없고 힘없는 수십만 명의 사람들을 죽이기도 했어요. 일본군이 우리나라를 비롯한 아시아의 많은 여성들을 끌어다가 성노예를 삼았던 것도 역시 그 시기의 일이었지요.

그 전쟁이 끝난 뒤, 여러 나라의 지도자들이 모여서 만든 국제기구가 바로 국제연합(UN)이에요. 국제연합은 다시는 그런 끔찍한 전쟁이 일어나지 않도록 만든 기구였지요. 동시에 그렇게 함부로 인간의 존엄성을 무너뜨리고 잔인하게 대하는 일이 일어나지 않게 함께 감시하고 힘을 모아 막

잘 지켜지고
실천하고 있는지
두고 보겠어!

아내기 위한 기구이지요.

그 국제연합이 만들어진 직후에 발표한 것이 '세계인권선언'이에요. 국제연합헌장의 취지에 따라서 보호해야 할 인권을 구체적으로 알리기 위해 만든 것이지요.

세계인권선언은 전문(前文)과 본문 30개조로 되어 있는데, 모든 나라의 정부와 시민들이 인정하고 존중해야 하는 기본권에 대해 설명한 뒤, 경제적·사회적·문화적으로 보호해야 하는 여러 권리들에 대해 자세히 설명하고 있어요.

'인권이 뭘까?'라는 질문에 대해 조금 더 구체적인 답을 얻고 싶다면, 세계인권선언을 한 번 자세히 읽어 보는 것도 좋아요. 전문과 본문을 다 합해도 7, 8장 정도밖에 되지 않으니까 그리 어렵지 않을 거예요.